无限交谈

钱理群 访谈录

Qian Liqun　Interviews

我的两个精神基地

钱理群 著

李浴洋 主编

山东画报出版社

济南

图书在版编目（CIP）数据

钱理群访谈录：我的两个精神基地 / 钱理群著.
济南：山东画报出版社，2025. 3. —— （无限交谈 / 李
浴洋主编）. —— ISBN 978-7-5474-4661-4

Ⅰ. K825.6

中国国家版本馆CIP数据核字第2024GP0073号

QIANLIQUN FANGTAN LU：WO DE LIANGGE JINGSHEN JIDI

钱理群访谈录：我的两个精神基地

钱理群　著

选题策划　王一诺
责任编辑　马　赛
封面设计　徐　潇
版式设计　王　芳　刘悦桢

主管单位　山东出版传媒股份有限公司
出版发行　山东画报出版社
　　　　社　　址　济南市市中区舜耕路517号　邮编　250003
　　　　电　　话　总编室（0531）82098472
　　　　　　　　　市场部（0531）82098461
　　　　网　　址　http://www.hbcbs.com.cn
　　　　电子信箱　hbcb@sdpress.com.cn
印　　刷　济南龙玺印刷有限公司
规　　格　148毫米×210毫米　32开
　　　　　9.25印张　230千字
版　　次　2025年3月第1版
印　　次　2025年3月第1次印刷
书　　号　ISBN 978-7-5474-4661-4
定　　价　59.00元

如有印装质量问题，请与出版社总编室联系更换。

2023 年 4 月 16 日，在北戴河阿那亚海边

我预设的对象是未来的读者。

到了未来某个时候，

一定会有人来关注现在中国的知识分子在干什么。

我要留下对这个时代的观点、看法、思想、思考，

让后来人知道，我们这个时代，

还有少数人在思考，

在怎么思考。

与夫人崔可忻在安顺新婚时

1974—1976 年，在安顺与"民间思想村落"的朋友们

2016 年，安顺"民间思想村落"的朋友们四十年后相聚北京

1960—1974 年曾执教贵州安顺卫生学校，2021 年重回安顺，学生从全省各地赶来相会

2021 年 4 月 25 日，北京大学主办《安顺城记》学术研讨会

2023 年 6 月 19 日，与杜应国在贵州安顺杜宅合影

1981年，"文革"后北大现代文学专业第一届研究生与导师合影
前排左起：乐黛云、唐沅、王瑶、严家炎、孙玉石；
后排左起：赵园、钱理群、吴福辉、凌宇、温儒敏、张玫珊、陈山

1989年，王瑶先生与弟子钱理群、陈平原、温儒敏聊天

1998 年，北大百年校庆，组织《蔡元培》话剧演出，以此作为对北大的首次公开发言

与在北大指导的全体研究生（除朱伟华）合影

2000 年，"燕园三剑客"黄子平、钱理群、陈平原在北大重逢时合影

2017年11月18日，与洪子诚对谈

2023年4月14日，与老友在北戴河阿那亚合影

左起依次为孙郁、许子东、钱理群、陈平原

晚年与夫人崔可忻重回安顺，夫人放歌

在养老院，与金波相逢

2023 年 6 月 21 日，与老友戴明贤（左）、袁本良（右）在贵州安顺畅叙

躺在草地上，回归大自然

我与我

在《有承担的学术》新书分享会上

在家中接受采访

总　序

李浴洋

1979 年，历史学家唐德刚回顾自己二十余年前为胡适做口述自传时的经历，感慨胡适与之对话的"老实"，进而提出了对于"对话"这一文体的认识——

"对话"（dialogue）比"讲课"（lecture）更有价值，原是世界学术史上的通例。古代的圣哲如孔子、孟子、苏格拉底、释迦、耶稣、穆罕默德等都是述而不作的。他们的哲学和教义，多半是当时听众和弟子们，从对话中笔记或默记下来的。苏格拉底固有其有名的《对话录》传于后世；而儒教"经书"中的《论语》《檀弓》等著作，又何尝不是孔子的"对话录"呢？而这些对话录就远比其他"经书"更有价值。主要的原因便是"对话录"所记的往往都是些脱口而出的老实话，不像那些三思而后言的"讲学""说教"等的官腔官调也。①

　　唐德刚揭示了在中外古典学术史、思想史与文学史上"对话"的渊源有自。进入现代，这一传统继续发扬。无论是艾克曼的《歌德谈话录》，还是唐德刚本人的《胡适口述自传》，都可谓此中"名著"。而晚近借助制作手段与传播技术的突飞猛进，"对话"的发展也一日千里，并且更为普及。更为关键的是，"对话"不再仅是一种记录形式，本身也实现了方法自觉，从而成为史学、文学、社会学、人类学、传播学、心理学与医学等学科积累知识的重要手段之一。能够"通过研究者和受访者之间的互动而产生知识"已经是诸多学科的共识。②

　　强调"研究者与受访者之间的互动"的"对话"，称之为"访谈"更加准确。如果不拘泥于"对话""对谈""访谈""访问"等具体称谓，那么各种形式的"对话"（以及三人谈、多人谈）都可以归入"产生知识"的"访谈"之列。而"访谈"产生的又何止"知识"？只要是足够认真、开放、"老实"的"互动"，思想、精神与趣味也大可以于焉生成。

　　上承古典而又富新变的是专业访谈。但必须承认，是新闻媒介的发达既为"访谈"（主要是新闻访谈）创造了极大的便利与需求，

---

①唐德刚：《胡适口述自传》，传记文学出版社 1883 年版，第 7 页。

②［丹］斯文·布林克曼、斯泰纳尔·克韦尔著，曲鑫译：《访谈（第二版）》，格致出版社 2020 年版，第 12 页。

同时还在相当程度上影响了人们的接受习惯与文体意识。专业访谈当然与新闻访谈有别，不过在契合现代社会与现代心灵方面二者却并无二致，甚至专业访谈还凭借其锐利、深刻、生动与灵活更胜一筹。于是可以看到，在林林总总的著述体例中原本并不十分显眼的"访谈"，如今宛若一支"轻骑兵"，在中文思想现场与大众阅读生活中异军突起。"《巴黎评论》'作家访谈'"系列引进的成功，《把自己作为方法——与项飙谈话》的备受欢迎，便是例证。

与新闻访谈大都围绕一时、一事展开不同，专业访谈往往更具系统性与纵深感。好的访谈不但有"学"有"思"，还能够见"文"见"人"。好的访谈亦是"文章"，既需要"出口成章"的积淀与才情，也得用心与用力经营。好的访谈更来自作者（访谈人与受访者相互成就）的个人关怀、立场与魅力的支撑。在这一意义上，好的访谈一定是有个性的，也必然是充满人性的。这与访谈的本质乃是一种人与人的精神交流直接相关。

道理的阐发、观点的碰撞，为的是达成更为全面与有效的认识；思想的对话、灵魂的共振，为的是形成更具洞见与理性的价值。人与人的精神交流可以不避剑走偏锋，但要有共同的底线，也可以鲜明秉持自家立场，只是不宜丧失同理心与共情力。所有这些，都是自由思想与自由表达的前提，是得以"无限交谈"的基础。唯有秉持对于"无限"的信心、热情、追求与保证，"交谈"才能真正有质有量地进行。作为一种文体的"访谈"，其自觉的形态应当是一种自由的思想方式与表达方式。以"交谈无限"，创造"无限交谈"。

"无限交谈"语出法国思想家莫里斯·布朗肖。批评家黄子平曾以此解说20世纪80年代活跃的文化气象："题目与文章的蓬勃涌流，正源于那些年的'无限交谈'。"[①]其"同时代人"、学者陈平原日后也不断追怀那份思想与文化的"热火朝天"的景象"背后的大时代"[②]。而今重提"无限交谈"，并且将之落实到"访谈"这一文体的建设上，自是对于80年代的致意，更是希望重建某种舍我其谁的担当气度与真正自信的开放精神。

唐德刚所谓的"老实"，"无限交谈"彰显的"自由"，其实都指向了"访谈"之"真"。这是一种"真的人"面对"真的问题"与"真的经验"发出的"真的声音"。基于学养，出自识见，本乎良知，成于访谈，这固然是一种理想状态。如果能够采撷如是声音荟萃呈现，岂不似星光，如炬火？

"无限交谈"丛书即循此策划。一人一书，一书一题。丛书选择以"人"为中心，邀请在各自专业领域内确有真知灼见，同时又兼具公共情怀的知识分子参与。各卷访谈对象不仅是专家，更需"能说会道"——善于运用访谈进行思想表达。而每卷围绕一个主题展开，相对集中地收录作者历年就此所做访谈，则是希望在保留文体的生动性与开放性的前提下，还能够凸显其治学、深思的主要成果与最大特色。至于具体形式是访谈，是对话，是口述，并不作严格限定。

知识性、思想性、趣味性与生长性并美，是丛书的立意与用心。

---

① 黄子平：《文本及其不满》，译林出版社2020年版，第35页。

② 陈平原：《小书背后的大时代——从〈二十世纪中国文学三人谈·漫说文化〉说起》，载《读书》2016年第9期。

访谈固然是某种意义上的"草稿",但其中蕴含的能量不容小觑,可能比成型的著作更加生气淋漓,带给读者更为多元的启示。访谈也许只是"补白",不过与高头典章相比,更具短兵相接的特点,能够把背后的真性情、真忧患与真关怀和盘托出。经由各抒己见,可以"众声喧哗"。而通过和而不同,通向一种更为整全也更具人文理想的精神图景,更是我们由衷期待的。

感谢山东画报出版社与王一诺女士、马赛女士的支持。

2023 年 10 月 16 日,京西芙蓉里

序　言

我这个人喜欢胡思乱想，胡说八道。于是，就有了这本访谈录。

在东拉西扯中，也自有一个核心话题：追问"我是谁"。

这是一个"人"终身追问的话题，但只有到了晚年，这样的追问才有了可能与迫切性。

这是近年来我最喜欢说的：在中国，人的青年、中年人生，都是戴着面具的，你的职业、身份、地位，决定了你只能"说什么，做什么"，你又只能"怎么说，怎么做"。这样的现实处境与生命状态下，你所呈现的"自我"，是片面的、不完全真实的，也就谈不上追问"我是谁"。只有人到老年，退休了，进养老院了，你就"什么都不是"，只是一个"老头／老太"了。这时候，你就可以脱下面具，认真想想：我是谁？真正"属于我"，我最想要的是什么？现实的我的人性，有什么谬误，需要调整、纠正？已有的我的人生，有什么缺憾，需要弥补、发展？这样，老年就绝不是简单的生命的终点，而是可以"再出发"的。当然，老年也必然有"晚年（生命最后阶段）人生"的特殊问题，必须面对"衰老"与"死亡"，做出自己的回应。

这样，老年人生就有了丰富的思想内涵与思考空间。我是 2015 年进入泰康养老院的，已经整整八年。我的思想一直处于空前活跃的状态。本书的"访谈"主要集中在这段时间，记录下的是关于"我是谁"的追问与部分思考，主要是从总结人生经验教训与现实选择的角度，来回答"我是谁"，讨论"我希望成为怎样的人"。

全书分为四辑，各有重点，呈现不同层面的"我"。从"我的两个精神基地"，可以看到"在社会的顶尖与底层、中心与边缘、精英与草根、学院与民间自由流动，从中国社会内部看中国与世界"的"钱理群"。"对青年朋友说"展现的，是"30 后"（出生于 20 世纪 30 年代）的"钱理群"和"40 后""50 后""60 后""70 后""80 后""90 后""00 后"七代人生命与精神的血肉联系。"知识分子的历史与命运"里的"钱理群"，已经把自己的生命融入 20 世纪和 21 世纪初中国知识分子的"历史与命运"之中，成为其有机组成部分，这里展现的，是一个有强烈而自觉的历史使命感的社会性、时代性、政治性的"钱理群"。但这也正是我要提醒本书读者的：如果以此来定义"钱理群"，可能会有偏差。因为还有另一个作为个体而存在的、个性化的"钱理群"，这就是"晚年学思"部分呈现的"自我"：那个行走于大自然中，观察一草一水一木一石，每天都有新的发现，也因此获得"新生"的"钱理群"；那个回归童年，依然保持儿童天然的好奇心、想象力、创造力的"钱理群"，还有没有来得及呈现的、具有艺术天性的"钱理群"，天生的表演家的"钱理群"，喜欢作怪相的另一个"钱理群"，等等。一句话：我的"晚年学思"，正由文学研究、人文学研究，转向对人性、国民性的追问，对人生的归宿——"老与死"的探讨。自我也就回归生命的纯真状态，成为一个"可爱，可笑的老头儿"：真诚——但有点傻；没有机心——但不懂世故；天真——但幼稚；有赤子之心——但永远长不大，是个老小孩儿。

钱理群

2023 年 9 月 29 日—30 日清晨

目　录

辑
一

我的两个精神基地

晚年百感交集忆北大中文系

访谈人：姚丹 [1]

姚丹：钱老师，今天非常荣幸，也非常高兴，借北大中文系"系庆"的机会和您做一个学术访谈。请您就与北大中文系的渊源，您在北大中文系过往经历中难忘的往事，您的教学与学术研究的特点、取得的成绩和留下的遗憾等，做一次回顾。

我们知道，您是 1956 年考上北大中文系新闻专业的，这是您和北大最初的结缘。记得以前您在文章里写过，中学时候您是科目均衡发展的好学生，请您谈谈在当时普遍更重视科学科目的情况下，您为什么会选择新闻这样的纯文科专业呢？咱们就从这儿开始吧。

钱理群：好。我是 1956 年从南京师范大学附属中学考上北大的。当时我报考北大，选择北大中文系新闻专业，原因就是我从小就有

---

① 姚丹，中国人民大学文学院教授。

一个梦，想当一个儿童文学家。一进来以后，就立刻发现我这个选择不对。我这个人不适合搞文学创作，我的抽象思维能力太强，任何事到我这儿都被概括出来了，细节我全部记不住。而文学创作最关键的是细节，所以我当时就判断自己是不能够当一个作家的，我应该当一个学者。另外我发现自己的性格不适合当记者。我最喜欢的是什么呢？就是在家里读书写作，然后跟别人聊天，一直到今天都是这样的。做记者，要跟各种各样的人打交道，而且政治性太强，要善于在现实里头打滚，这个我做不到，所以我就发现我选择错了，自己不适合做作家，也不适合做记者，应该当一个学者。当时费孝通有一句话，对我有一生的影响，他说知识分子追求的，就是"一间房，一堆书，一杯茶"。我一看，这就是我终身的追求。

姚丹：您现在都拥有了。

钱理群：现在就是这样的。现在就是有一间房，然后，不只有两本书，实际上是终身的学者生涯。我当时要求转到文学专业，原来的专业不读了。我们那一届，1956 年入校以后，到 1957 年就搞"反右"了，1958 年就搞"大跃进"了，所以我只在北大认真读了一年的书，我老觉得自己根基不深厚，实际上指的就是这一点。但我现在回想起来，这一年对我一辈子影响太大了。这一年，我发疯般进图书馆看书。首先是学鲁迅，1956 年《鲁迅全集》正好出版，我就买了，当时《鲁迅全集》是很贵的。我不惜成本地买《鲁迅全集》，认真地读了，而且基本上我考虑的就是研究鲁迅。当时现代作家里我最喜欢的就是鲁迅（最喜欢鲁迅的小说、鲁迅的散文），还喜欢艾青的诗歌，再就是喜欢曹禺的戏剧。

姚丹： 后来都成了您的研究对象了。

钱理群： 这些都成了我的主要研究对象。我非常非常喜欢曹禺，到了北京就成了"人艺"最忠实的观众。我们当年进城去看人艺演出，演完以后，公共汽车只通到西直门，不通到郊外，我们就从西直门走到北大东门，然后翻墙跳进北大。所以我对曹禺的感情非常深，后来研究曹禺不是偶然的。再就是艾青，我非常喜欢艾青，艾青的那句诗："为什么我的眼里常含泪水？因为我对这土地爱得深沉。"后来我为什么对"四十年代文学"有兴趣，都是这句诗做底的。我还研究地方文化，提出"认识脚下的土地"这一命题，这一命题的根源就是抗战时期知识分子跟土地的关系。这是现代文学方面。

古代文学方面。我印象非常深刻，一个是屈原，一个是司马迁。外国的东西呢，也很奇怪，一个是喜欢普罗米修斯，一个是喜欢但丁的《神曲》，另外就是俄国文学。我讲这个是很有意思的，樊骏曾经写过一篇文章，讲王瑶那一代——现代文学的第一代学者——他们的精神谱系。他有一个概括，我觉得你们都没注意过。他说，王瑶那一代学者的精神谱系，国内是从屈原到鲁迅，国外是从普罗米修斯到但丁，到浮士德，到马克思。那么我实际上是继承这个精神谱系的：国内就是屈原、司马迁、鲁迅。国外的话，普罗米修斯、但丁对我都有影响；我还喜欢莎士比亚，喜欢塞万提斯，像《哈姆莱特》《堂吉诃德》；也喜欢《海燕》，喜欢屠格涅夫，别林斯基、车尔尼雪夫斯基等俄国作家我都很喜欢。

所以我原来跟你说，你要研究我们这一代学者，或者各代学者，必须研究他们的精神谱系。我建议你们好好再读樊骏写王瑶的那篇文章，那里面特别提到了这个东西。

姚丹：谈到王瑶先生，我们都知道，他对您和北大中文系现代文学专业的影响都是巨大的，所以想请您就两个方面跟我们聊聊。第一，1978 年您以专业成绩第一考上王瑶先生的硕士，在此后的研究生阶段，王瑶先生的学术训练对您个人的学术品格和学术方向的影响；第二，王先生所开创的中国现代文学研究传统，在咱们中文系的传承。

钱理群：关于王瑶先生我写过很多文章，但是这次准备采访的时候，我还是总结了一下王瑶对我的影响。主要在四个方面。

第一个方面，就是怎么做一个独立的知识分子。王瑶有一句名言，说，什么叫知识分子？首先是知识，他必须有知识，但同时他是"分子"，就是说，他必须有独立的人格。在某种意义上，独立的人格比知识更重要。他这句名言对我影响太大了。

第二个方面，他强调，不仅要做独立的知识分子，还要做独立的学者。他说关键是在学术上，你要找到你自己特有的研究对象、特有的研究方法和特有的研究领域。做到这些，你在这个学科里才是独立的角色。我就在他的引导下做了选择。我觉得我这一生之所以有一定成就，跟我的研究对象和研究方法的选择有关。选择了鲁迅、周作人，一下子就把线索拎起来了，把这两个作家搞透的话，整个现代文学的问题就都迎刃而解了，这对我以后的学术发展太关键了。所以后来我主张年轻人还是要研究"大家"，因为你的成就跟你的研究对象是有关系的，研究对象很差，你顶多写两篇文章就完了。

第三个方面，在学术方法上，他提倡典型现象研究。这个你们都很熟悉了，这对我影响太大了。他不仅给了我方向，还给了我具体的研究方法。

第四个方面，他指引我们如何做出人生选择。我后来的一些选择都跟他有关系。

姚丹：学术传统方面的影响呢？

钱理群：上次李浴洋博士论文答辩的时候，我发言说，我觉得北大中文系现代文学专业有一个特点，也是特殊优势，就是它有一个学术的脉络，从朱自清到王瑶，再到乐黛云、严家炎、孙玉石，再到我们，一直到吴晓东他们，形成了一个北大中文系现代文学专业的传统，这可以影响到你们。这个传统我总结大致有几个方面。

第一个传统，就是极其重视史料，而且要有独立的史料准备。我们非常重视两个基础，一个是原始资料，看原始期刊，再一个就是坚持文本细读。

第二个传统，王瑶先生他有一句话，他说你的重要文章和重要著作，必须在你写完之后要成为一个不可绕过去的存在。别人肯定要超过你，但是他要超过你之前必须先看你的东西。你的水平体现在这儿——你的课题在具体领域里要成为一个绕不过去的存在，这是很高的要求。要做到这一点，必须提前准备。首先，你必须了解在你之前做这个题目的学者已经达到什么水平；然后，你要考虑我怎么去超过他们，怎么提出我自己新的东西。这个学术目标是很高的，用我们今天通俗的话来说，就是要创新，必须有新的创造，而且是不可替代的新的创造。

还有一个传统呢，就是王瑶先生强调，我们研究历史，是为了从历史看到未来。也就是说现代文学研究，它研究历史，要处理历史和现实的关系，但也不能脱离现实。怎么才能不脱离呢？后来我总结，它是这样一个基本思路：研究课题与问题意识来自现实，而这个现实是很广阔的，不是很狭窄的现实。在进入学术研究领域的时候，研究课题要和现实拉开距离，但是它会对现实产生积极的影响。

我觉得这大概就是从朱自清开始的、由王瑶奠定的，北大中文系现代文学专业最大的财富。

姚丹：好的，老师。您说到王瑶先生，我就想到您之前也跟我们聊到林庚先生和吴组缃先生，您都特别敬仰。当年面对两位先生的风采，您是不是有点"虽不能至，然心向往之"？都有过哪些比较深的触动和影响？

钱理群：我这次总结，北大中文系有"三巨头""六大将"。哪"三巨头"呢？王瑶、吴组缃和林庚。实际上我受到的影响不只来自王瑶，我更多的是接近吴组缃和林庚。吴组缃有一句名言，说，你要提出一个命题，提出"吴组缃是人"，没有意义，但你提出"吴组细是狗",就有意义了。他非常强调学术的创造性、启发性。这个对我影响极大。我一定要提出一些有价值的东西,这就是研究的独立性和强烈的创新愿望。

那么林庚先生呢,我称其为"天鹅的绝唱"。严家炎老师当系主任的时候,安排我做一个工作,请这些退休的老教授来跟年轻学生做演讲。我就请了王瑶,也请了林庚。林庚非常认真,换了很多题目。那天上课真是"天鹅的绝唱"。首先,他的打扮极其讲究,穿一双黄色的皮鞋,往讲台上一站,就把所有人给镇住了。然后,他就缓缓地说来:搞学术、写诗,最关键的是要用儿童的眼睛去重新观看、发现、描写这个世界。讲完我送他回家,他就病倒了。所以他是"天鹅的绝唱",把他整个生命投入学术中。"用婴儿的眼睛去看世界",这个对我影响太大了。研究方法上,王瑶强调客观,林庚有主观投入,我的研究是更接近林庚的。

那么除了这"三巨头"之外,还有"六君子":严家炎、谢冕、洪子诚、孙玉石、乐黛云……我有些没把握。

姚丹:想把第六个给谁?

钱理群:陈平原算不算?因为就辈分来说,陈平原是另外一辈,但从影响力来说,应该把他算在这六个人之中。这六个人是北大独特的优势,六个人的学术个性都极其鲜明,而且他们都非常强大,成就非常高。这是在其他学校找不到的。更可贵的是,他们之间——当然不是没矛盾,因为学术中有各种分歧,学术观点不一定完全一致,也会有一些矛盾冲突——总体来说,他们互相欣赏,这是极其难得的。这样就使得北大中文系，特别是现代文学专业的学术氛围是全中国独一无二的。

姚丹： 谈完学科，我们想请您谈谈在教学中的经验和体会。您在北大的研究生课堂和本科生课堂都有过哪些"得意"的创举？

钱理群： 关于研究生课堂，我自认为有三次比较成功的经历，这背后都有经验。第一次比较成功的，是培养吴晓东这一代。我们刚才说北大的传统是提倡读原始资料，但我们做沦陷区文学研究的时候，不是原始资料的问题，是根本没有资料，是开创性的。我就带着学生去开垦"荒地"，而且要求他们去发现作家。我觉得吴晓东有一点很成功，就是吴兴华在一定程度上是被他发现的；范智红在此基础上成书的那本《世变缘常：四十年代小说论》，至今我觉得没超过她的；朱伟华对上海沦陷区戏剧的研究，也至今没有人能超过。第二次比较成功的，就是孔庆东、解志熙他们那批博士研究生的细读课。那么第三次就是给你们上的课——"对话与漫游"，这个课有个特点，选取20世纪40年代不太有名的作家，主要从形式、美学方面对作品细读。我是自觉的，这个课也是弥补我自己学术研究的一些缺陷。课堂上，王风第一次剖析汪曾祺同一个作品不同时期写了两次的现象，这是很有创造性的。

我自己特别重视对青年的教育，我认为，在大学教书，第一件事就是做好教学。其实我和青年一代最主要的一个连接点是鲁迅，我非常骄傲。从给81级学生开始讲鲁迅，然后跟吴晓东他们（84级）讲，跟你们86级讲，一直讲到我退休的2002年。在北大讲了二十多年的鲁迅，这是我一生的最高成就。我在北大讲鲁迅的课，有四个阶段。第一阶段是你们当我学生的时候，你们都体会到了，课堂是一种生命的相融，鲁迅的生命、我的生命和学生的生命是相融的。那是永远都不会再有的感受了，到86级之后就没有了。这是第一阶段，最辉煌。

第二阶段，学生们对鲁迅的心态产生了分歧。我最近在整理书信的时候发现，从1990年开始，我跟贺桂梅他们班上课，就不一样了。他们班激烈地争论："我们和鲁迅的关系是什么？"在你们这一代，鲁迅、我和你们的生命是连在一起的，到他们那儿就变成了两派。因为听我的课，大家都很敬佩鲁迅，但一派就认为，鲁迅活得太累，我们不必活这么累，我们可以活得"轻"一点，因此希望鲁迅成为一个博物馆式的对象，我们仅仅是崇敬他、尊敬他，他和我们再没什么关系；另一派是贺桂梅等人，他们强调我们现在的生命恰好太"轻"了，我们要追求生命之"重"，这样就不能够离开鲁迅。

第三阶段是比较特殊的一个时间，就是北大百年校庆的时候。那个时候北大的学生开始重新形成一股"寻找北大传统"的热潮。在这样一个背景下，我开了"周氏兄弟研究"这门课。这其实是有意识的。这节课不是一般的学术研究，而是讲这个课题的现实意义，这跟北大传统直接相连。我一开始讲这个，就在全校引起轰动，好像有点回到20世纪80年代的感觉，但是这股热潮很短暂，很快就过去了，不过这仍是让我终生难忘的。

第四阶段，最后这个阶段的课堂发生了很微妙的变化。我发现一个问题，我的名气越来越大，很多人是奔名人来的，就奔着听钱老师的课："他快退休了，我赶紧听，以后我可以写我听过钱老师的课。"很多人并没有和我产生一种精神共鸣。我心里很不舒服，所以后来我也不愿意再去讲了，我觉得没意思。但是后来毕业的时候，有一个学生给我写了一封信，我非常感动。他说，钱老师，我很喜欢你的课，什么原因呢？你的课显示了另外一种生命的存在方式，让我知道人还可以这么活着，尽管我不会按你那样去活着，因为你是另外一代人了，但我知道还有另外一种"活着"，我也知道这种过程可能是更有价值的。我觉得这是对我的最高奖励。其实说到底，教师最根本的就是要显示你自己生命的存在，尤其是在社会发生变革的时代，你要守住自己的底线。你不一定要学生都按你这样去做，不可能，老师不再具体引导学生怎么去做人——那是学生自己的事，但是你要显示出一种独立的存在，生命中有没有这样的存在对学生来说是大不一样的。

姚丹：1997 年，您决心"走出体制"，这离您正式退休还有十多年，因此您的"出走"，可被视为一种主动的"拓展"。您开始更多地关注中小学教育改革，关注北大的历史。1998 年北大百年校庆，您深度参与的话剧《蔡元培》在北大演出，同年您还在《读书》发表文章谈北大精神。话剧和文章的反响都不小。您能谈谈当年的一些情况吗？您今天对北大精神的理解有新的推进吗？您现在对北大中文系有什么期望？

钱理群：用什么方式使得学术研究和社会实践产生一定的关系，

这在现代文学也有一个传统，也是到现在没有完全解决的问题。我参与这些活动是有前提的，前提是以我的学术研究做资源，不离开我的学术研究。对我来说主要是鲁迅的资源，把鲁迅的资源转化为社会实践。所以我就有意识地选择了几个东西，可以说是三四个方面吧：第一，自觉地卷入大学的教育课程和大学生教育改革，当然是从北大开始；第二，参与中小学的教育改革，主要是语文教育改革，这都是我的专业；第三，支持青年志愿者，特别是支持这些志愿者到农村去，这样我就一定程度地参与了乡村建设。

北大的教育改革，我是从北大百年校庆开始参与的。北大百年校庆的时候，我做了几件事，其中就有你提到的《蔡元培》这个话剧。百年校庆其实是一个官方行为，我们是唯一在民间纪念蔡元培，而且真正产生了巨大影响的团体。从此就开始了我对于北大历史的研究和对北大现实的思考。在这一过程中，我第一次明确提出我所理解的"北大精神"，这两个想法，我至今仍然坚持：第一个，北大的传统就是鲁迅说的，是改革的先锋，是独立、自由、批判和创造，这是北大的基本精神；第二个，关于北大应该办成什么样的学校，蔡元培说北大不是办培养具体技术人员和具体操作人员的学校，于是我觉得北大要真培养人才，就是培养开创性的，有独立思想、对学科发展有独立思考的这样一些人才，要培养思想家型的学者。

姚丹：最后一个问题，关于您自己。洪子诚老师有一个说法，他说塑造您的是一个人（鲁迅）和一座城（安顺），还说您的精神特点是什么都要回到"自我"，即具有很强的反思性。您对自己的定位是什么呢？一个文学史家还是思想者，抑或一个怀疑主义者？

钱理群：我在北大的最后一次讲演中，谈了我的三个人生座右铭。一个是"路曼曼其修远兮，吾将上下而求索"，一个是"永远进击"，还有一个就是"在命运面前，即使碰得头破血流，也绝不回头"。我跟学生还留下了一个，也算我的座右铭："我存在着，我努力着，我们又彼此搀扶着，这就够了。"从这几个座右铭，你们可以看出我的精神谱系——屈原，鲁迅，毛泽东。我一生坚持三十多年，永远在探索，永远采取一种积极进取的态度，从不消极，从不回避，永远进击，永远采取积极态度。

而我的根本问题和基本弱点，就是我一再说的，不懂外文，对古代文学研究不足，再有就是没有文人趣味。所以我说我是一个"不懂文化的学者，没有趣味的文人"，这对我造成极大的伤害。一个损害，就是我无法真正进入鲁迅、周作人的内心，因为他们两个人是典型的中国文人。这不仅仅是一个文学趣味的问题，是整个的一种生命存在形态的问题。我和鲁迅、周作人归根结底是"隔"的，这是一个很大的问题。我没有趣味，我的人生就有个最大的问题：我是一个精神性的存在，包括和你们在一起，全谈精神问题，不谈世俗问题。这是非常大的一个问题。我虽然天天讲农村，天天讲贵州的父老乡亲，但我和贵州的父老乡亲是"隔"的，因为我不关心他们的日常生活；我天天跟你们讲青年，但是我跟青年是"隔"的，因为青年讲日常生活。我是一种脱离了生活的精神存在，所以我的人生就是一个悲喜剧。

那么我的价值是什么呢？我最满意的，也是北大学生给我的评价，北大学生曾把我选为那一年的"最受欢迎的老师"，而且排在第一位。学生给我写一封信，他说，老师，我们最喜欢听你的笑声，能够像你这样笑的人，是一个非常可爱的人。我很欣赏这句话，我就是一个可爱的人，但可爱的人有另一面，你是可爱的人意味着你也是一个可笑的人。我自己觉得我是一个可爱的人，又是一个可笑的人。如果我死后有坟，你们给我题词：这是一个可爱的人。这对我这一生就是一个最好的评价。要做一个可爱的人是极难的，别以为"可爱"是一个随便说说的词，但可爱之人必有可笑之处，可爱与可笑其实是互为补充的，单纯是可爱，也有问题。可爱又可笑，这才是真实的人生。我追求的实际上就是真实的人生。

我最后讲一个我和王瑶的关系，我觉得是具有普遍性的，当然王先生对我有很大的影响，但是后来影响越来越大，我也是自觉意识到，我必须反叛他。那么因此，实际上我们提出"二十世纪中国文学"这个口号，一定程度上是试图摆脱王瑶先生的《中国新文学史稿》所奠定的现代文学研究的总格局。

我今天讲这个主要是说什么呢？包括老师和学生的关系，也包括我和你们的关系，我觉得比较理想的老师和学生的关系，应该是三部曲。第一，学老师。学生把老师的所有优点全部学来，这是必须做的。所以作为你的老师，当你还是我的学生的时候，我对你有基本要求，这是必须的。第二，我觉得，尤其是对特别强大的老师，你必须反叛他，你必须走出他的阴影，不然你毫无前途。第三，在反叛之后走向更高层面。更高层面上，继承的就不是老师的学术主张或具体的做法，而是一种基本精神，像我今天讲的王瑶对我们的影响，那就是我们在更高层次上回到他的传统。所以我觉得理想状态应该是继承，甚至模仿，然后反叛，再到更高层面上的继承。所以我现在对你们的要求，我想你们也知道，我希望你们反叛我，如果不反叛我，你们毫无前途，反叛才有希望。如果永远在我们的阴影之下，你就一点出息也没有。我希望还是这样一个关系，学习、反叛，而且是一定程度地反叛，有分寸地反叛，然后在更高层次上和老师相融，把这样的学术传统，一代一代传下去。

姚丹：感谢您无私的分享和热情的鞭策！今天就到这里，再次谢谢您。

2020 年 10 月 5 日

我参与中小学教育改革的历史回忆

访谈人：北京大学中文系语文研究所

我为什么要"介入"？

首先，是对五四传统的自觉继承与发展。我在参与中小学教育改革一开始，就写有《五四新文化运动与中小学国文教育改革》一文，强调蔡元培主导的北京大学对新文化运动的发动，一开始就是与中小学国文教育改革同步进行的。五四新文化运动采取的策略是：在理论倡导之后，就着力于新文学实绩的创造，再将新文学作品作为"国语"典范选入中小学课本，使其在一代年轻国民中普及，从而成为全民族共同的"国语"。这样，1920年教育部正式通令全国废止用文言文编的教科书，在中小学采用语体文教科书，就成为五四文学革命最具有实质性与决定意义的成果。五四新文化运动的先驱都积极参与了中小学语文教育的理论建设与实践工作，就绝非偶然。蔡元培1919年作《国文之将来》；胡适1920年作《中学国文的教授》，1922年写《再论中学的国文教学》；1920年周作人作《儿童的文学》；等等，都为中小学语文学科的发展奠定了基础，开启了国文教育，以至整个中小学教育改革。到 20 世纪 20—40 年代，更有陶行知、陈望道、刘半农、朱自清、叶圣陶、吕叔湘等一大批新文学、新文化的开创者都积极参与编写教材、任教，形成了一个大学与中小学，教育界与思想界、文化界、学术界相互沟通、合作的传统。我们作为大学教师，参与 20 世纪 80—90 年代的中小学教育改革，无非是恢复 1949 年以后被中断了的大学、中学、小学合作的传统。我介入中小学语文教育改革，更是直接继承了现代文学研究界的传统：我的导师王瑶先生就参加过他的导师朱自清先生主持的中小学语文教材的编写工作，而朱自清先生一生所做的最后一件事，就是编写语文教材。我不过是"接着往下做"。

其次，我 1998 年的介入，还直接来自鲁迅的"立人以立国"的教育思想。到 20 世纪末，马上进入 21 世纪，我对中国国情作了一个基本判断：中国的根本问题是人心（国民性）出了问题；人心、国民性出了问题，是中国的教育出了问题；教育的根本问题又出在中小学教育上，所以中国的改革必须从教育，特别是中小学教育入手。这就凸显了鲁迅"改造国民性""立人立国"的思想的特殊意义。我写的关于中小学语文教育的第一篇理论文章，题目就是《以"立人"为中心——关于九年制义务教育中的语文课程改革的一些思考》，我也是怀着这样的教育思想投身于中小学语文教育改革的。

最后，这也是我自我生命发展的需要。我在 1998 年 59 岁时介入中小学语文教育改革就表示，自己开始步入老年人生阶段，唯一没有绝望，也不敢绝望的事，就是为孩子们，也是为中国与世界的未来，做一点力所能及的工作。我愿意为此而贡献自我生命的最后的微薄之力。

我怎样介入？

我的介入，大概可分四个阶段。

第一阶段。1998 年 2 月，我接受《北京文学》采访，以一个人文学者的眼光看教育、谈教育，提出要追问教育的原点问题：大学是干什么的？中学是干什么的？小学是干什么的？这引起了社会舆论和教育部门领导的注意，最后我被基础教育司领导小组聘为中等教育改革领导小组顾问。开始时，我以"中小学教育自己是一个外行"为理由拒绝了，教育司的领导说，在中小学界内部推动教育改革阻力很大，正需要"外行"的介入。这就说服了我，我也因为认定教育从根本上是一个国家行为，教育改革应该依靠国家力量来推动，而最后接受了聘任。我开始以一个思想者的身份介入，以我的"以立人为中心"的教育思想对现行中小学教育体制进行鲜明和尖锐的批评。我这么做，既在普通中小学教师中产生很大影响，也遭到了教育管理部门的不满和非议，我因此成为教育既得利益集团与保守势力的打击对象。记得我到南京讨论中小学教育问题，就接到一个电话，质问我：中小学教育是我们的地盘，你一个大学教授瞎掺和什么？结果他们八方串联，四面告状，还真的把我告下了。我对通知我被解聘的教育司的中层干部说，我个人的去留无所谓，但中国的中小学教育改革万万不可停，更不能变质！

第二阶段。我的性格平时很随和，但一旦被惹"毛"，犟脾气就上来了。这回有些人要把我从中小学语文教育界赶走，我偏不走！教育领导部门的顾问当不成，我就到民间去，并且改变策略，更多地参与具体的教育改革实践，实现思想者与实践者的结合与相互补充。

于是，我又有了两大行动。

第一，编写中小学语文课外读物，推动"新语文"民间改革实验。开辟一条在国家教育体制之外，以出版市场为依据，以出版社为中心，发展民间教育与学术的新途径：从选题、立项，到组织作者、编者队伍，到具体编写，到出版、发行，形成"一条龙"的格局。而且我从一开始就定下三条原则：我们的目标，是要编写全新的课外读物——既是"语文读本"，也是思想启蒙的"精神读本"；我们所要聚集的是"教育志愿者"的群体，包括第一线的语文教师、语文教育的研究者和大学学者，实现老中青三代人的结合；从一开始就要把语文课外读物的编写工作当作学术工作来做，要形成我们自己的新的语文教育思想作为支撑。我们这一实验最后获得巨大成功，先后编出了五大读本：《新语文读本》（小学卷、中学卷、大学卷），《新语文写作》（小学卷、初中卷、高中卷），《名家文学读本》，《诗歌读本》，《大夏书系·地域文化读本》。其中《新语文读本》《名家文学读本》《诗歌读本》畅销至今，影响了十几年间的中小学生。

第二，倡导大学教授到中学上选修课。2004年到2005年我在南师大附中、北大附中和北师大附中开设"鲁迅作品选修课"，成了1949年以后第一个到中学兼课的大学教授。这次讲课所编选的

《鲁迅作品选读》，经过审评，被选定为全国选修教材。以后十数年，都有中学老师选用这本教材，开设鲁迅作品选修课，产生了持续影响。

或许是有这么个规律，一产生影响，就容易遭到管控，以至《鲁迅作品选读》选修教材出版时，我只能署笔名"赵黔生"。我在一篇文章里指出，我在介入中小学语文教育改革的过程中"屡战屡挫，屡挫屡战"。于是，我又改变介入方式，进入"我与中小学教育"的第三阶段。

第三阶段。我到一线老师中去，总结和推动实践创造的教育新思想、新潮流。我有一个基本信念：教育，特别是中小学教育，在本质上是一个理想主义的事业，总能聚集一批教育理想主义者。尽管能够坚持下来的总体人数十分有限，每一所学校也许只有一两个，三五个，但由于中国人口多，地方大，绝对数量就不会太少。他们才是我真正的知音，但他们也和我一样，处于孤独的困境中。我们就需要找到某种方式，聚集起来，相互声援、支持、协作。这时候，我前一段的努力所产生的全国性影响就发挥了作用：我的登高一呼，引起了同样生活在围困中的底层理想主义教师的强烈共鸣。他们通过写信、发电邮的方式与我联系，我也一一认真回答。这样，在我的周围，就聚集起了一大批分散在全国各地、处于不同教育层面的教育理想主义者。最后，我与其中的二十八位最有思想、最有创造力并有丰富的实践经验的老师成了生死之交。他们遍布江苏、广东、湖北、四川、浙江各地，包括湖北某乡镇中学、浙江某乡镇小学、广东某民办学校的教师。我逐一研究他们的教学个案，进行理论总结，最后汇成《写在中小学教育的边缘》（东方出版中心出版）一书。全书收入了我为十七位中小学教师写的序言、发言稿，原稿中还有五篇因触及敏感问题而被删，加起来应该有二十四篇。我在后记里动情地写道："我最珍惜的，是那些与第一线的老师进行精神交流时写下的文字。这里有对'中小学教育是干什么的，什么是真正的教师'的真诚思考，有对中小学教师的生存困境的直接面对，有对'如何坚守教育，推进教育变革'的苦苦探索，更有对老师们的创造性劳动中积累的教育思想、经验与智慧的总结。我也在这一过程中得到成长，多少有了些自己的想法，可以说是这些老师将我引进中小学教育之门的。"我由此而形成了三大基本信念：第一，我坚信，一切教育理念，一切教育改革措施，都要最后落实到老师的课堂教学上，并接受检验。因此，第一线的老师理所当然的是教育的主体、教育改革的主力和依靠对象。教育行政部门、教育研究部门都应该为第一线老师服务，让他们独立自主地、自由地从事教学，这是教育的当务之急。第二，我坚信，"实践出真知"。真正具有教育生命活力的教育思想，存在于民间，存在于第一线教师的真实与严肃的教学实践里。要创造中国自己的现代教育，不能指望简单地搬用中国传统的或外国的理论，借鉴是必要的，但立足点应在总结我们自己的实践经验。第三，我对中小学教育的教学改革仍存有希望。原因是我发现，仍然有很多老师出于教育良知，艰难地坚守在教育第一线，凭着他们的教育韧性精神和智慧，在有限的空间里，改变着自己的教育存在，有限而有效地影响着学生。最后，我总结："在我看来，这正是中国教育的希望所在。对这样的教育自身的力量，我同样坚信不疑。"

这背后，其实是有对一条"似乎可走的路"的设计的，即我从一线老师实践中总结出来的两大思路。

其一，倡导"静悄悄的存在变革"。

不期待特殊条件，而采取现实主义、经验主义的态度。从底层教师的自救开始，从当下、现在开始，从自己能够做到、能够尝试的地方做起。不追求根本改变，从一点一滴的改革、改良做起，能帮一个学生就帮一个。在荒诞的教育环境下，做有限的、可以做的事，并从中获得意义。在自救之外，还要互助，"好人联合起来做好事"。

不直接与现行教育体制对抗，只是在现有框架内加上一个异数，在自己的课堂上，按照我们的教育理念做教学工作，有限度地创造"第二教育"。无须张扬，也不摆出挑战姿态。相信自己的所作所为符合教育本性。做好了，有效果了，也就有说服力、影响力，会有人和你一起做。

其二，倡导"韧性"和"智慧"。作为一个普通教师，一辈子只能做一两件事，比如要让学生认真读书，养成读书习惯，老师就不断地引导，月月引，年年导，不动摇，不放弃。每个学期因为你的影响，有五个学生养成了良好的读书习惯，你教十年、二十年，就能培养一百个、二百个爱读书、会读书的学生，这就是很了不起的成绩。要做到这一点，还要有智慧，懂得如何钻空子，找到发挥的空间与余地。传统的规训是时紧时松的，紧了你就别动，只作准备；松了，因为你有准备，就可以大动特动，尽量把空隙拉大，再要退，也不能完全退回去。这就叫"博弈"，一切成果都是博弈出来的。

我就这样和第一线中小学语文教师一起，一直坚守到 2014 年。这一年《中学语文教材中的鲁迅作品解读》出版，这是我对中小学语文教育的最后服务。我赠送给了近一百位语文教师，算是告别纪念。

其实是"告别"不了的。2015 年 7 月 10 日我搬进养老院以后，还是对中小学教育藕断丝连。到七年以后的 2022 年，突然遇到两次机会，我有了"最后介入"的机会。

第四阶段，是我在晚年对教育问题的关注、思考与参与。

细心的读者可能会注意到，我在回忆和讲述自己与第一线教师的关系时，特别强调了和湖北某乡镇中学、浙江某乡镇小学，以及广东某民办中学老师的交往，这其实是显示了我对中小学教育的关注与介入，逐渐由城市重点中小学转向了乡村教育。这不仅是因为我希望自己不要再"锦上添花"，而应该"雪中送炭"，还出于我根据当年在贵州安顺的经验，认定在对教育的监管日趋严密的大环境下，管得较少的边远地区反而会有些发展的空间。我也确实从这些农村一线老师这里，发现和体认到了乡村教育的新天地和重要意义。我住进养老院里，又有机会接触到乡村教育的志愿者肖诗坚老师。她本是北京大学社会学系的学生，后来成为哥本哈根商学院国际商业硕士，回国后担任跨国公司大陆市场总监。2008 年后她介入乡村教育，2017 年远赴贵州正安县兴隆村，担任田字格兴隆实验小学校长，成为"乡土人本教育"的创始人。2019 年她出版了一本校长札记，明确提出要"探索"出一条"立足乡土，焕发人性，还原教育本质，属于乡村孩子"的未来教育之路。肖老师希望我为她作序，我自然欣然应命：对中国当下教育已经十分失望的我，从肖诗坚团队的实验里看到了希望。以后，肖老师的团队又准备把田字格兴隆实验小学的经验，推广到正安、毕节、贞丰等地的六十二所学校，参与者有近万名学生。我又用录音讲话的方式，参与2022年12月31日"二十人教育论坛"网站活动，为肖老师的团队站台，提出要"脚踏大地"，扎根于"自然""乡土""教育"三大永恒因素之中。这也是我在中国与世界的"历史大变动"中，对身处"自然"与"乡土"里的"教育"的"永恒"意义与价值的新认识、新概括。

我住进养老院以后，与著名的儿童文学家王金波先生相遇，并有机会合作，出版了《昆虫印象（点评本）》与《我与童年的对谈》两本书。书中明确提出了我们共同的"儿童文学观""儿童教育观"，强调要在充分尊重孩子的天性的基础上，通过引导，把他们的天性提升到自觉，从自然人变成文化人，由自在的人变成自为的人。我们认为，这里有四大关键：一要引导孩子"与大自然建立亲密的关系"，二要注重"'爱'的天性的保护与提升"，三要特别重视对"好奇心、直觉、想象力的保护和提升"，四要"保留、延续玩的天性"。我们在此时提出并强调这样的儿童教育观，是隐含着一个巨大的忧虑的：我们发现，中国的教育，特别是中小学教育，日趋意识形态化，而这样的意识形态的灌输，是完全违背孩子的天性的。其结果就可能导致人的天性的丧失：孩子越来越远离大自然，丧失爱、好奇心、想象力，甚至不会玩了。如果我们的教育最终失去了"童心"，孩子们也就没有了"童年"，学校培养出完全被意识形态掌控（即所谓"入脑""入心"）的"接班人"，那就会真正毁了民族的前途。

　　这其实正是这些年我一再强调，处于中小学一线的理想主义的教师要坚守"静悄悄的存在变革"，创造"第二教育"的用心所在。

　　除此之外，还有没有路可走？我们在《我与童年的对谈》里，又提出了一个设想，就是提倡"家庭教育"。本来，这也是根据之前全家人被迫居家所提出的新问题。在我们看来，"回归家庭"的趋势在今后还会延续、发展，"家庭教育"和"家庭文化"的建构问题，就会逐渐凸显出来。我们要倡导的，是"亲子共读"。这就是中国传统的"诗教"。说起来也很简单：父母抽出一定时间和孩子一起欣赏诗歌，开始是父母读给孩子听，以后又领着孩子读，最后就是父母、子女，甚至全家一起读。再扩展到读其他作品，读一本书。坚持下去，成为习惯，就会形成爱阅读的家庭氛围，甚至培育出"家庭文化"。而且我们主张，这样的亲子共读要贯穿孩子从小学到初中、高中受教育的全过程。我当年编《诗歌读本》，就提出"让诗歌伴随你一生"，其中一个重要方式，就是"亲子共读"，以后还可以发展为和爷爷奶奶一起读。这样的亲子共读，就会成为家庭内部精神交流的重要方式。我们发现，有些孩子到了高中，十六七岁即将告别少年时期的时候，就会因为或多或少的叛逆心理而拒绝和家长交流。许多家长都为此而束手无策，十分苦恼。如果从小形成共读习惯，这样的彼此隔阂的问题就比较好解决。有了这样的通过共读形成的文化交流的小环境，整个家庭的气氛就完全不一样。所谓文化交流，实际上就是一个心灵的交流。

　　我们想强调的是，家庭教育实际上是学校教育的重要补充。特别是当国家教育出了问题，我们更可以按照自己的教育思想、理念，把家庭教育建构成"第二教育"，做无声的纠偏与补充。我们倡导：不仅共读，还要共玩，通过带着孩子读课外读物、旅游、参观（博物馆、展览会等），给孩子提供一个学校课堂之外的新天地。家长也通过这样的共读、共玩，回归自己的童年——这就是与孩子共享童年，共同成长。这是一个全新的教育课题，里面的"文章"很多，可施展、发挥的余地也很大。

回顾我从 59 岁到 84 岁的晚年人生，关注和参与中小学语文教育改革，持续了整整二十五年。开始时是在 20 世纪末断定"中国人心（国民性）、教育出了问题"而主动介入中小学教育改革，到了 21 世纪 20 年代，又面临"中国人心（国民性）与教育出了更大问题"的无情现实。我自己这二十五年的参与，更是一个"屡战屡挫，屡挫屡战"的过程：从开始参与国家教育体制改革，到推动"新语文"民间教育改革，再到和第一线教师中的理想主义者共同进行"静悄悄的存在变革"，开创体制内的"第二教育"，最后又支持边远地区的农村教育改革实验，倡导"家庭教育（亲子共读）"，开创体制外的"第二教育"。就这样在越来越恶劣无望的教育大环境中，我始终在坚守，从不停止自己的探索，总在寻找"似乎可走的路"，既质疑，又坚持教育理想主义；既有失败，又有收获。

还是我最喜欢说的话："我存在着，我努力着，我们又彼此搀扶着，这就够了。"

2023 年 3 月 15 日

和来自重庆的朋友谈 "安顺这帮人"

诸位百忙之中从重庆赶来贵州，要见安顺这帮朋友，由我先做介绍，就从我的贵州经历说起吧。

我是 1960 年 21 岁时来到安顺的，现在 80 岁重返旧地，回想五十九年前初来时的情景，我和 "安顺这帮人" 的友情，自然是百感交集。所谓安顺这帮人，首先是指我在安顺卫生学校教语文时的学生。我作为一个来自南京、北京这样的大城市的年轻人，第一次和贵州山野的孩子相遇，彼此都有一种好奇感。为了走近学生，我干脆搬进学生宿舍，和他们同吃同住，同劳动同学习。这在当时，以至今天，都是罕见的，大家都很兴奋。很快我就成了卫校最受欢迎的老师，给学生留下了终生难忘的印象。这次我回安顺，就有五十多名当年的老学生从全省各地赶来看我。或许更为重要的是，我在卫校任教期间，培养了一位最出色的、和我终身相伴的学生与朋友——孙方明，他以后就成了安顺这个群体的核心人物。

　　"文革"发生，我积极投入了"造反运动"，因此接触到了更多的年轻人。到"文革"后期，大概在1974年前后，我的身边就聚集了一批更有追求与思想的青年朋友。他们下过乡，有的进了工厂，有的流落在社会打零工，但都喜欢读书，有极强的现实关怀，也处于极度的精神困惑中，渴求探索真理。其中就有在座的杜应国，以及你们在14号的座谈中会见到的罗布农、朱伟华、刘丹伦等人。杜应国是其中的骨干，他成了我们安顺这帮人的另一个核心。你们要了解安顺这帮人，不妨从了解孙方明、杜应国和我三个人入手。我们都有回忆专著：方明的《潮聚潮散——记中国农村发展问题研究组》，应国的《奔突的地火——一个思想漂流者的精神历程》，以及我的《一路走来：钱理群自述》。

　　再回到当年的聚集。那是"文革"后期，面对"文革"产生的种种后果，人们，特别是年轻人，处于极度苦闷的状态，产生了三个问题：中国向何处去，世界向何处去，以及我们自己向何处去。值得注意的是，问题的出发点，是个人看不到前途，自己向何处去的问题，但思考的视野却是中国向何处去，世界向何处去。这样的个人前途和国家命运、世界前途相关联的认识与眼界是一个很高的起点。那时候，我还没有考虑到地方问题，但它是包含在对国家、世界命运的思考里的。当时的思考还有一个重点，就是尽管苦闷，但我们都坚信，"文革"之路已经走到了尽头。我们处在新中国成立以来最困难的时期，同时也处在历史发生巨大变革的前夕，由此而产生了一种历史的责任感：我们必须为这样的一定要到来，但又不知道什么时候、以什么方式到来的历史巨变作好思想与理论的准备。当年，应国在和他的朋友的一封信里，就明确提出了我们这些普通人必须承担这一历史任务。这封信幸而保存了下来，正可以作为那段历史的佐证。

在 1974 年左右，我们就是带着这些苦闷、期待和历史使命感聚集起来的。而且，这是一个全国性现象，这就是后来研究者（朱学勤）提出的"民间思想村落"，我们"安顺群"只是其中的一个。顺便说一下，我们这个"安顺民间思想村落"已经被载入了历史，北大印红标的"文革"民间思想研究专著《失踪者的足迹》里就专门谈到了我们。

不知道诸位的感觉如何，我今天回顾这段历史，有一种特殊的感慨。历史似乎正在重演。我自己，或许包括在座的诸位，我们大家都面对着新的，也许是更根本的苦闷与彷徨，我们又重新面对着中国向何处去，世界向何处去以及我们每一个人向何处去的问题。当然，现在已经有了完全不同的历史、时代背景，完全不同的中国和世界的现实环境与问题，但或许依然存在着某种历史的连续性。

再回到当年民间思想村落里的讨论。为了思考和回答"中国向何处去，世界向何处去，个人向何处去"的问题，我们首先要做的，是四处寻找思想资源，主要办法就是读书。而当时的安顺处于极度封闭的状态，这是一个大难题。记得当时我们把个人的藏书都集中起来，成立一个图书馆，书也少得可怜，但我们还是通过各种途径，得到一些资源。这些资源主要包括两个方面：一是西方启蒙主义运动的思想资源，一是马克思主义的各种流派的思想资源。我们开始以新的眼光看待被宣布为异端的"修正主义"思潮，注意伯恩斯坦、考茨基、卢森堡等的著作，也开始接触南斯拉夫的《新阶级》等著作。而我给大家提供的则是鲁迅的资源，讲鲁迅杂文，讲《故事新编》《野草》。应国和方明就是在这个时期认真阅读了大量马克思主义的原著，为终身研究马克思主义、社会主义运动奠定了坚实的理论基础。

我们的讨论也逐渐集中到三个问题上。首先，提出并思考"社会主义民主"问题。这自然是针对"文革"中发展到极端的"全面专政"。为寻找理论根据，我们认真研究了列宁的后期思想，特别是他的"新经济政策"。其次，针对"文革"时发展到极端的蒙昧主义，重新肯定民主、自由、平等等价值观。当时有的民间思想村落的朋友明确提出了要发动"新思想启蒙运动"的任务，这是能代表我们的思考的，在当时是石破天惊的。最后，我们在进行理论思考的同时，也开始考虑行动。于是就有了全国大串联的动议。

"文革"结束，我们终于等到了把"文革"后期的思想转化为社会实践的历史机遇。开始，我们还是观察了一段时期，并得出结论：邓小平主导的改革开放具有历史的进步性，是一次难得的历史机遇，我们必须参与、投入，但也要保持自己的独立性。

在如何参与、投入上，我们又产生了一定的分歧。杜应国主张立即投入民间活动之中，而孙方明更倾向于参与体制内的改革，即从影响上层入手，发动农村社会、经济改革运动。他们的争论到了我这里，我的反应是更倾向于杜应国的选择。我这个人受鲁迅影响，对权力有天生的反感和警惕。我又是一个天生的读书人，习惯于胡思乱想，胡说八道，却怯于行动。我不习惯于在政治污泥中打滚，更向往明净的书斋生活。于是，我在给应国的信中坦然承认："文革"中我在客观情势与你们这些年轻人的影响、推动下，投入政治实践，我内心是不安的；现在，我要回归书斋，因此，再也不能，也不配当你们的老师了。你们应该摆脱我的影响，走自己的路！我会在一旁静静观察，关心你们，支持你们，在必要时出手帮助你们。

　　于是，在20世纪80—90年代，我们三个人——应国、方明和我，选择了三条不同的路径。应国第一个"出山"，并且因为当年早有理论准备，而成为民间活动最重要的理论家之一，为他作为少有的民间思想家、理论家的历史地位奠定了基础。方明加入了中国农村发展问题研究组和中央政治体制改革研究室，并成为其中的骨干之一，他还是中央《政治体制改革总体设想》的主要执笔者，又曾担任朱厚泽任中宣部部长时的秘书，成为20世纪80—90年代中国农村体制改革和政治体制改革的智囊团的重要成员。我则积极投入了这一时期的思想启蒙运动，其中有两个阶段，在1981年—1997年间，我的主要目标是被大学教育、学术体制所接受，以获得思想、文化、学术、教育领域的话语权与影响力；被体制接受以后，我又深感学术、学院体制对自己的束缚，产生了危机感和恐惧感，就于1997年北大百年校庆前后"破门而出"，积极投入大学教育体制的改革，以后又推动中小学教育体制改革，产生了很大影响。以后在支持青年志愿者活动、参与乡村建设运动的过程中，我找到了自己参与社会实践的具体途径：主要给年轻一代中的理想主义者提供思想、理论资源，通过他们和充满活力的现实生活保持联系。我的学术研究的重心也发生重要的变化，由现代文学史的研究转向我真正心爱的思想史、精神史的研究，缠绕我的始终是当年提出的、在现实中又不断遇到的中国向何处去、世界向何处去、我自己向何处去的问题。这大概也是我们"安顺三人谈"的永远的话题。

最后做一点小结：面对 20 世纪 80 年代改革开放的历史巨变，我们这三个安顺群体的代表都积极投入其中，在三个最重要的领域——底层的民间活动，高层的经济、政治体制改革，以及中层的思想、文化、学术、教育改革运动中，发挥了重要作用。这也是我们"文革"后期思考、讨论的成果。我们都在不同历史时期遭到种种挫折，并在体制内逐渐边缘化，但历史总要前进，我们这样的人是压制不住的。

前面谈到，我在 2000 年左右就开始参与以支教支农为中心的青年志愿者活动，我和潘家恩就是那时相识的。2003 年，从北大退休前最后一堂课上，同学问我，退休后准备做什么。我的回答是"三大回归"：回归家庭，回归中小学，以及回归贵州安顺。这就要说到我们贵州安顺群体中的另外两位重要人物——戴明贤老师和袁本良老师。"文革"后期我和袁老师同在安顺师范学校任教，当时就有娄家坡水库的一大风景：我、本良和另一位老语文教师夏其模在湖边漫游。我和戴老师相识较晚，大概在改革开放以后的 2000 年，有一种相见恨晚的感觉。我们很快就有了合作的机会，这就是历史又提供了一个进行"地方文化研究"的新机遇。这也是你们这次考察的重点，会有很多的交流，我这里就只提供一个发展线索，不做详细展开了。

我们的贵州安顺地方文化研究是从编写《贵州读本》入手的。

从一开始，我们就有一种理论的自觉，这大概是我们安顺这帮人区别于其他群体的一个特点。我们提出了三大理念：第一是"文化安顺"，这是戴明贤老师在他的《一个人的安顺》里提出的，即要用人类文化学的视角来重新认识我们的家乡，研究安顺文化。这就提供了一种全新的理论资源，而将现在的地方文化研究与传统的乡村研究区别开来。第二是"认识我们脚下的土地"，这是我在《贵州读本》的序言里提出的。它所针对的是全球化、市场化的新时代背景下"人"的生命存在的特点（在漂泊与坚守中生存）与危机（失根的危险），构成了我们所要进行的新时代的地方文化、乡土文化研究的问题意识和精神意蕴，也是其意义与目标所在，即要通过我们的研究，重新建立我们（我们这几代人和具体的每一个人）和脚下的土地——土地上的文化与父老乡亲的血肉联系。第三是"地方文化知识体系的建构"，这是贵州著名的评论家何光渝先生在评论安顺地方文化研究与书写时提出的，杜应国在回应中作了两个重要的发挥，一是强调今天研究地方文化的世界意义，即面对全球化可能导致文化单一化的偏颇，提倡全球化时代的文化多元化；二是提出新时代的地方文化研究必须建立在多学科综合研究的全新的知识结构的基础上。

这三大理念自然有着重要的意义。首先，依然是它大视野：把当今地方文化研究置于全球化、市场化的背景下，背后就隐含着"中国向何处去，世界向何处去"的问题。其次，它也同样关系着"我们自己向何处去"的问题。我们当年思考国家、民族、世界，思考人的"大问题"，却多少脱离了个人的现实存在，总是生活在"云里雾里",就隐含"不着地"、失根的危险。现在提出"认识脚下的土地",关心脚下这块具体的土地（贵州安顺）上的具体文化（地方文化）、具体的"父老乡亲",就真正落地归根,用今天的话说,就是"接了地气"。这对我们每一个地方文化的研究者都是至关重要的,直接关乎我们每一个人的生命存在。

在编写《贵州读本》之后,我们又有了一系列的工作和活动,大概有七个方面:"安顺老照片"的发现、整理;系列安顺文化读本的编写、出版;安顺地方大散文的书写（代表作有戴明贤的《一个人的安顺》、宋茨林的《我的月光我的太阳》等）;屯堡文化的调查与研究（主要成果是《屯堡乡民社会》《建构与生成:屯堡文化及地戏形态研究》）;点校《续修安顺府志辑稿》《安平县志》;编辑、出版《文化安顺》;最终集大成者,就是两百万言的《安顺城记》的编写。在我看来,《安顺城记》除其自身的传世意义与价值外,最值得注意的是,它在体例方面的创造性和新的组织方式。前者以后会有专门的讨论,这里要多说一点的,是我们所尝试建立的"主编—总撰稿—撰稿人"的组织结构——主编是"30后""40后",总撰稿是"50后",撰稿人以"50后""60后""70后"为主体,也有"40后""80后"参与。这样,就形成了六代人的大合作,集中了我在安顺的旧友和这些年陆续出现的新人,这是难得的历史性聚会和总结。其中的一个关键,就是要有一个总撰稿人。记得最初对《安顺城记》提出动议,征求专家的意见时,就有省里的专家提醒我们,这样集体编写地方志的最大难题就是"以众人之手写一家之言"。我们最后找到的应对之策,就是设立总撰稿人,由他最后统稿。但这样的总撰稿人很难找到，因为他必须既具有足够广博和深厚的学养来统领全书的写作，更要有足够的凝聚力和威信和撰稿人协商、修改，令人心服口服。万幸的是我们有杜应国担当此重任，可以说，《安顺城记》得以最后编成，应国是功不可没的。你们这次来见安顺朋友，我也就这次讲话向诸位郑重推荐杜应国：他不仅是安顺地方文化研究的奠基者，安顺文化圈的核心，而且有很高的理论修养和准备，他还有更大的发展空间，对我的最大理想——创造对中国现当代历史与现实具有解释力与批判力的理论，他将作出重要贡献。我对他始终充满厚望，相信诸位也会逐渐认识这位民间思想者、理论家的意义。

最后做两点总结。一是我们的介绍和讨论，可以归结为"仰望星空，脚踏大地"这八个字。这既是对安顺这帮人生存状态的一个描述，也是对我们的历史经验的一个总结：要有大关怀、大视野，更要落实到脚下，融入自己个体的生命。

二是我对诸位的期待：不仅要积极参与中国变革的实践，也要注重理论的思考、总结与创造。中国 20 世纪的经验如此丰厚，中国遇到的现实问题如此复杂，中国发展的道路如此曲折，我们有责任自己总结，并提升为理论，贡献给世界。当今中国与世界都处于空前的历史大变动的时期，这就提供了一个最大的历史机遇。我们今天面对的中国与世界的问题，已经很难用既定理论来解释，这就提供了一个理论创造的大好时机。我们所面临的历史任务，是对人类文明进行重新检讨，重新认识每一种文明的历史合理性和历史局限性、矛盾与危机，在此基础上，创造新的理论、新的乌托邦想象，创造更理想的世界新文明。前面一再说到的中国问题与经验的空前复杂性、尖锐性和丰富性，决定了中国知识界、文化人有责任，不仅在变革现实的实践上，更在理论创造上作出更大的贡献。这是我对诸位的最大期待，也是近六十年后重返安顺，对应国，也是对在座的诸位年轻朋友的最大嘱咐。在这个意义上，我今天的讲话，既是对历史的回顾与总结，也是一个告别词。我已经老了，虽然也还有自己的事要做——最后完成和完善自己，但对我最为看重的理论创造，我已经不能做多少事了，就只有拜托应国、照田、家恩，以及比我更年轻的朋友了。

2019 年 10 月 11 日采访

2019 年 10 月 27、28、19 日整理

从土地里长出来的历史中寻求永恒

——关于《安顺城记》

采访人：李浴洋 [1]

地处黔中道上的安顺，古来便有"滇之喉，黔之腹，粤蜀之唇齿"的称誉。交通要冲带来人文荟萃。清代安顺知府胡林翼即谓之"西南一大都会"。

2020 年 11 月，钱理群先生主编的二百三十万言的七卷本《安顺城记》由贵州人民出版社出版发行。次月，年过八十的钱先生前往黔中，出席了在贵阳与安顺两地举行的首发式活动，又以个人出资的方式，向贵州省内各学校与图书馆捐赠了一千套《安顺城记》。他将此事看作自己"晚年，甚至一生中所做的最大的事"。他用"最好的归宿"形容《安顺城记》之于其毕生治学与思想探索的意义。

最近，钱理群先生与《安顺城记》总纂杜应国先生接受了我的访谈。

---

① 李浴洋，北京师范大学文学院讲师。

"自己来描写我们自己"

李浴洋：钱老师，大家对于您的鲁迅研究、中国现代文学史研究与知识分子精神史研究大都比较熟悉，也知道您对于语文教育与大学精神等问题的关注，但您主编了一部规模如此宏大的《安顺城记》，并且将之作为学术生涯的"完成之作"，恐怕多少还是会让大家有点意外。能否请您首先谈一谈您与贵州安顺的关系？

钱理群：我的一生与贵州有着血肉的联系。1960 年大学毕业之后，我就被分配到安顺卫校任教（后调安顺师范），一直到 1978 年才考入北京大学中文系读研究生。也就是说我从 21 岁到 39 岁的十八年人生最美好的时光是在贵州度过的。总结自己的人生经验，最主要的，就是我有两个精神基地：北京大学和贵州。我生命的"底子"是在贵州奠定的，我是被贵州大地养育的，所以《安顺城记》对于我的重要性，是怎么估计都不为过的。

李浴洋：关怀故土与研究乡邦不能简单等同，前者是一种情愫，后者则是一项志业。在我看来，您在退休以前所做的似乎更多是前者，但晚年却是把贵州文化当作学术课题来对待的。那么，您是如何理解作为"学术对象"的贵州的？

钱理群：2002 年，我在北京大学上"最后一课"。学生问我："老师，你退休后要干什么？"我的回答是"三回归"：回归家庭（书斋），回归中小学，回归贵州。这表明了一种新的选择，即逃离中心，走向边缘，走向底层，回归大地——回归大自然，回归大地上的文化（地方文化，民间文化），这都是真正的"文化寻根"。

我个人关注与思考贵州安顺地方文化、历史的书写问题，其实也是从鲁迅那里得到启发的。鲁迅曾谈到，近代以来，中国一直处于"被描写"的状态。这是一个弱势民族的文化在与强势民族的文化遭遇时经常面对的尴尬。我由此联想到贵州：在现代中国文化的总体结构里，贵州文化也是一种弱势文化，也会面对"被描写"，或者根本被忽视的问题。因而我提出一个命题：黔人（贵州本地人）和我这样的"黔友"联手，"用自己的语言，真实而真诚地描写我们自己"。

于是，就有了2001—2003年《贵州读本》的编写。我又提出了一个新的命题："认识我们脚下的土地。"这是出于对现代化、全球化时代的生存状态的一种忧虑：人们有一种逃离故土到远方发展的倾向。这本身是一件好事，也是人的权利，但如果因此在情感和心理上疏远脚下的土地、土地上的文化和父老乡亲，又由于内在文化上的差异而很难真正融入自己所在的城市和异邦，这边回不来，那边进不去，就会成为无根的人。即使不离开乡土，也会因为失去家园感而陷入生命的空虚。这样，我们的《贵州读本》的编写就有了特殊的意义：期待着和年轻的朋友们一起，去关心贵州这片土地，去发现、认识其中深厚的地理文化、历史文化、民族文化，去和祖祖辈辈耕耘于这块土地上的父老乡亲对话，重获生存之根。

建构地方文化知识谱系

李浴洋：据我看到的材料，你们在 2005 年又提出了一个"构建地方文化知识谱系"的命题。

钱理群：这个命题是贵阳学者何光渝先生首先提出的，在安顺文化界引起了强烈反响。杜应国当时写了一篇《"破题"与"接题"，任重而道远》的文章，提出了许多新的思路。就请应国谈谈吧。

杜应国："知识谱系"的概念来源于法国后现代思想家福柯的"知识考古学"和"权力谱系学"。我们现在提出要构建"地方文化知识谱系"，就是要把地方文化研究放到全球化背景下来思考它的意义。我在文章里提出，全球化是一个悖论，在追求同一性的同时，还需要用差异性和多样性加以支撑，要警惕将全球化变成用某一种文化征服全球，形成单一的世界文化格局的文化霸权主义。这就需要同时强调文化的地方性、本土性的一面，以制约和防止文化的单一化，在统一和分殊、"普世价值"与多元文化之间取得某种平衡，形成张力。在我看来，我们面临的是两难选择：一方面，为改变贵州发展的低水平的现状，必然要走现代化、全球化的道路；另一方面又必须面对现代化、全球化的逻辑和陷阱，其中一个重要表现即是自然生态平衡的破坏与消灭文化差异导致的文化生态平衡的破坏。如何防止在现代化、全球化过程中地方文化内核，也即我们的文化之根的丧失，这就是今天强调地方文化研究的特殊意义所在。

李浴洋：这样，就真的达到了一个新的高度。

杜应国：我的文章还提出了"知识体系的构架"问题。首先是"学科构架"，它至少涉及考古学、历史学、经济学、社会学、人类学、民族学、文化学、民俗学、语言学、文献学、文学、艺术、音像、戏曲等多种门类、多种学科。然后还有一个"组织方式"的问题，即必须建立一个政府与民间，即体制内外的合作机制。

钱理群：我非常重视讨论中应国提出的这些新的理念和构想。可以说，它把我们的地方文化研究推进到一个新的阶段，事实上为我们后来《安顺城记》的编写奠定了理论基础。

"仿《史记》体例"

李浴洋：您提出的"仿《史记》体例"恐怕也是一个关键。您为何会想到以"仿《史记》体例"来编写《安顺城记》？

钱理群：提出"仿《史记》体例"，主要是出于对现行史学、历史书写的一个反省，我曾经将其概括为三大问题：有史事而无人物，有大人物而无小人物，有人物的外在事功而忽略了人的内心世界。最根本的问题还在于，今天包括历史学研究在内的中国学术，越来越知识化、技术化、体制化，缺少了人文关怀，没有人、人的心、人的生命气息。这样的学术、史学，只能增加知识，不能给人以思想的启迪、心灵的触动、生命的感悟。

这就使我想起了中国自己的传统，即司马迁《史记》开创的传统。

它的最大特点，就是文、史、哲不分。《史记》既是一部历史学经典，又是一部文学经典。它至少有三大优势：其一，《史记》中不仅有大人物，而且有小人物；不仅有人的事功，而且有人物的性格、形象和心理。其二，在体例上，《史记》将通史和国别史、专史与区域史相结合，史事和人物互相穿插，就能够较好地处理史观与史识的表述；它的"本纪""列传""表"的结构，对我们也很有启发。其三，《史记》在历史叙述上突出文学的表现手法，其中最重要的，就是注意历史细节的感性呈现，以及对历史人物个体生命的呈现。因此，我提出了这样的设想：如果在吸收《史记》的观念与方法的基础上，再吸收一些传统的方志学的体例优势（如分篇较细、门类较专等），取长补短，相得益彰，就会有一个新的视野、新的叙事，背后是新的观念。

李浴洋：经您这样一说，"仿《史记》体例"的意涵就清楚多了。不过，您刚才虽然强调这是对于中国传统史学的一种复活，但在我看来，其中也包含了诸多现代精神。所谓"仿《史记》体例"的关键应当在于一个"仿"字，即一方面参照《史记》与古代方志的体例与精神，另一方面也根据现代观念与方法，加以创造性地调适与融合。我想请问杜老师，《安顺城记》在这一方面是如何具体做的？

杜应国：《安顺城记》号称"仿《史记》体例"，《史记》所开创的纪传体，在中国传统历史书写中一直占据主流地位、统领地位，为历代史家所尊崇，竟至成为正统的国史叙事文体，一部《二十四史》就是纪传体的集大成之作。采用国史体例来写地方志会有很多问题，比如《史记》的五体结构——本纪、书、表、世家、列传，其中本纪为帝王专属，只能写皇帝，这个放到地方志你怎么写？又比如世家，这是专写王侯贵胄的，别说安顺，就是贵州，你有几个勋戚贵族可以写？所以，从地方史的角度看，是不可简单模仿《史记》的，若要仿，就要突破传统的史学观念，对原有体例做适当的变通，将国史叙事与方志叙事结合起来，以现代的眼光、现代的视角去重塑体例，进而重构历史。

如本纪一体，原有"本其事而记之"的含义。所谓纲举目张，传统史学就是以帝王将相为中心的宏大叙事，皇帝就是纲，就是历史活动的重心，居于统领地位，其他的一切人与事都是目，是围绕帝王的存在、活动来发生、展开的。突破这样的史学观念，而将决定和影响一个具体区域形成和发展的某些先在要素，譬如地缘位置、历史沿革、民族和人口构成等作为前提，作为我们的叙事之张本，演绎之根据，那么这种书写就同样具有了纲目统领的意蕴。这样，观念上的突破使体例上的变通成为可能，循着这样的思路，专写诸侯勋戚的"世家"，就可以转化为"世代之家，赓续而传"之义，将地方上的仕宦之家、诗书之家、技艺传承之家等容纳其中。观念之变促动体例为之一变，二者都有了新意。

更重要的是，体例上的破局，还打通了某种结构性障碍，为我们的篇目设计和条目设置赢得了更大的自由度，拓宽了想象的空间和落实的可能。在旧方志体例的框架下，篇目设置不尽合理，内容畸轻畸重，有的篇目综合性较强，所含内容也较庞杂，如《地理志》，所含内容从星野、形胜、疆域、物候到山脉、河流、道路、关隘、津梁等；有的篇目则比较单一，如《选举志》，仅涉及相关的科举名录。要打破这种局限，就要将此类综合性较强的篇目进行分解，采用专志、专史以及行业史的方式，使之眉目更清楚，内容更集中，结构更合理。于是，才有了记述各少数民族创世想象和人类起源神话的《传说纪》，有了一般方志不会涉及而又能凸显地方性特征和历史与时代背景的篇目、条目，如《城前纪》《移民纪》《军屯志》《店铺志》《名村志》《饮馔志》《器物志》《演艺志》《图像志》等。

新的历史观

李浴洋：仅从"仿《史记》体例"一点，就可以看出《安顺城记》虽然写的只是安顺一城的历史文化，但背后的关怀却是探索中国学术应当往何处去，以及在全球化时代中，我们应当怎样面对自己的传统、当下与将来这些大问题。

钱理群：《安顺城记》的确贯穿着我们的历史观。首先，这是一部以安顺这块土地、土地上的文化、土地上的人为中心的小城历史。其次，本书突出安顺多民族聚居的特点，突出"多民族共创历史"的史观。再次，书中强调"乡贤与乡民共创历史"，既突出乡贤世家的历史贡献，也为平民世家立传。最后，以融文学、社会学、民俗学、文化人类学、历史、哲学为一炉的"大散文"笔调书写历史，这是对历史叙述的基本要求。

李浴洋：您对于历史叙述的敏感，让我想到您的文学研究者出身。您以前就曾经专门讨论过"文学史叙述学"问题。您认为《安顺城记》在叙述方面的主要创新是什么？

钱理群：第一，我们注意文学性，注重文笔，讲究语言，适当运用了安顺方言土语，突破类型化模式，是一种非类型化的写作。第二，我们尽可能有一点形而上的意味。我们反复强调的"土地"的意象里，就蕴含着诸如生命与死亡、空间与时间、精神家园等哲思与隐喻的。我们或许可以在民间神话、传说、宗教等领域发掘这块土地上的人们对于世界与宇宙、此岸与彼岸的理解与想象。第三，我们希望要有生命气息。这里有一个生命史学的观念，即对人的个体生命史的关注。我们的叙述力求带有个体生命的体温，要通过对一个个具体民族、家族、个人生命的叙述，体现城市生命，写出小城历史的"变"与"常"，表现小城的文化性格，写出安顺人"永远不变的散淡、潇洒的日常生活，看惯宠辱哀荣的气定神闲的风姿"。第四，我们增强了直观性，收入有关安顺的图像学资料，包括省、地史籍所载的地理图经，具有一定写实意义的绘画作品，人物图片，以及各时代的老照片。

李浴洋：杜老师，您是书稿的总纂，您如何评价《安顺城记》的这些尝试？

杜应国：我们将坦诚地面对读者和学术界的严格检验，任何批评与质疑我们都不会拒绝，特别是那些言之有理、持之有据的批评及合理建议，我们非常欢迎。因为我们不可能做到尽善尽美，就是那些我们引以为豪的突破与新意，也一定还会有种种缺憾与不足，毕竟《安顺城记》所做出的尝试，都不过是一种探索，是为现代地方志的书写寻找新的方法、新的形式。一句话，《安顺城记》是一个探索文本、一个试验文本，必然带有一定的试误性和实验性。

地方文化研究的新意义

李浴洋：最后我想请教钱老师一个问题，《安顺城记》的问世比预期晚了差不多一年的时间。在如今这样一个时代，您对于编写《安顺城记》的意义又有什么新的认识呢？

钱理群：这个问题问得好。我在《安顺城记》首发式上这样谈到了我的新思考：全世界、全中国对"浪漫化的全球化"进行深度反思，许多过去被遮蔽、忽略的问题引起了前所未有的关注和相应思考，比如"民族—地方—家族（家庭）"这三大基本文化与生命命题。我个人（或许还有和我类似的知识分子）封闭在养老院时，更是在苦苦追寻：如何在大变动的时代，获得生命的从容？这就需要"变中的不变"。最后我找到了"日常生活"和"大自然"，在我看来，这也将是一段时间内全球性生命命题。我在思考这些问题时突然发现，我所关注的"民族—地方—家族（家庭）""日常生活—大自然"，恰恰都是地方历史书写的中心，可以说是《安顺城记》的五大主题词。这之间的契合恐非偶然，耐人寻味。我因此提出一个新的命题："从土地里长出来的历史中寻求永恒。"这应该是地方文化研究的最根本的价值所在。

答贵州"小朋友"问

访谈人：舒畅 [1]

舒畅：钱老师好！采访您对我来说是个"重大工程"，一是因为您名气太大了，让我有点怯场；二是因为您的思想和实践，大概是我所有人生积累的无穷多倍。虽然我经常晕车晕船以及晕"大"，但对于这场和您之间的对话，我还是充满了期待。有时候，人和人交流的趣味并非在于肝胆相照和彼此相似，而在于雾里看花和天差地别，就像我在阅读您写的东西时，看到的都是宏大的主题、深刻的思考和酣畅淋漓的表达，我就会想：我这样一个生活在小城市、过着小日子、写些小文章的人，是该"鼓撑"（贵阳话中的流行语，"硬撑"的意思。您在贵州时大概这个词还没"出生"）着问您一些我自己也听不懂（其实也没兴趣）的"高大上"的问题，还是该由着我的性子，向您讨教我自己内心那些很具体、很好奇，甚至也很婆婆妈妈的问题？

---

① 舒畅，《贵州日报》记者。

不过我首先得知道的是，您这样一个人，会有"婆婆妈妈"的时候吗？

钱理群：先向你报告我的日常生活起居。我通常都是早晨六点半左右醒来，躺在床上静思半个到一个小时：一是计划一天要做什么事，再就是胡思乱想，想今天要写的文章该怎么写。此时万籁俱寂，正是最容易突发灵感的时候，时有意想不到的奇思怪想和超出常规的写作构想产生，像正在编撰中的《安顺城记》的最初设计，就产生于 2007 年某月某日的清晨床头冥想的那一刻。想兴奋了，我就起床开始一天的生活，但不立刻投入计划中的写作，还要按习惯坐在马桶上读半小时到一小时的闲书，这就是周作人说的"如厕读书"。这样心态松闲下来，就可以写作了。一般写一个小时之后，才吃早餐。吃完早餐，还要一边喝茶，一边随意看电视，算是休息，大约要一个小时。到十点钟就全力投入写作，一动不动地写将近四个小时，写到下午两点左右才吃中饭。两点到四点是午休时间，先是躺在床上看一个多小时报纸（主要是《文汇报》《北京青年报》《光明日报》《贵州日报》《新京报》《南方周末》，除《北京青年报》外，都是报社寄给我的，并非主动选择），有的不过翻翻而已，有的却看得很仔细，重要的文章还要留存，以便以后写一年一篇的年度观察与思考。看完报就睡半个到一个小时。醒来以后，四点到七点还要写三个小时。总之，一天要写作（或看书，准备写作）七到八个小时，顺利的话，一天可以写三千到五千字，甚至更多。如果白天完不成既定计划，晚上还要继续写。不过大多数情况都不再写，而是看杂志（有三四十种，都是别人寄来的，我都会先看目录，重要文章就仔细读，还要剪下来留存）、读闲书、看电视或从网上拷下来的新电影。最后，我每天都要上网一小时。一般在晚上十一点至十二点就寝，绝不拖到第二天。

但也并非每一天都坚持这样的生活内容与节奏，常有打断。一是亲戚朋友同学聚会（并不多，却总有），二是有人（相识与不相识的）来访（我一般都要婉拒，但也不能完全闭门不见客），三是出席各种座谈会与讲学活动（一度很多，我现在正尽量减少、控制）。不可少的，是和老伴一起到医院看病、拿药，到学校取信和杂志，还有逛商场。我的任务是拎包与买单，从不对购物发表意见，只是在一旁耐心地等着，脑子里想的是我准备写的文章。比如今天上午和老伴一起去超市，我就趁机把给你写的这篇问答构思好了，回到家里，放下所购之物，坐下来就写——此刻就是这样。这叫作陪老伴与写作两不误。

由以上所述，你大体可以了解我的日常生活的几个特点。

第一，读书、思考与写作，构成了我日常生活的主要内容，可以说是我的一种生活方式，甚至是生命存在方式。也就是说，我整天想的都是精神问题，我和朋友的交往，和来访者，包括和你这样的"小朋友"的交流，都只谈精神问题，从不涉及世俗生活。还真有人坐飞机赶来指明要与我谈精神问题（他说其所生活的环境里无人谈精神问题），谈了三四个小时以后，多少过了点瘾就走了。这就意味着，我在一些人心目中是一个纯粹的精神性的存在。事实大概也是如此，我突出了人的精神性这一面，世俗性一面就有所欠缺。这可能是一个特点，但同时也是一种缺陷，用鲁迅的话来说，就是

"人性之不全"。因此我是不足效法的。

第二，我经常说，我过的是"宅男"的生活，但我和现实世界并不隔绝。我每天都通过读报纸、看杂志、看电视，特别是通过上网，和"现在进行时"的中国与世界，保持着密切的联系。这正是媒体、网络时代的特点。在这一点上，我和你及你的朋友是一样的。因此，我的思考与写作，是有很强的现实感的，我并非躲在象牙塔里过避世的生活。

第三，你可能会注意到，我每天都用一定的时间看电视，而且我还要告诉你，我看电视时，就完全放弃了思想者的角色定位，也不是用文学研究者的眼光去评头论足，纯粹是为了休息。因此，再烂的电影、电视节目，我都看得津津有味，有时候还看上了瘾，每天到时间就等着看。我的圈子里的朋友大多数是不屑于看的，他们对我的兴致之高觉得不可理解，我倒很坦然，这或许正是我的另一面。

第四，可以看出，我的生活是有相当保障的。这得力于我的老伴，她是位医生，将我的身体照顾得很好；我的吃食也是一流的，至少是最适合我的。我常说，我的身体健康，除了我自身能吃能睡、拿得起放得下，还得益于老伴的精心照料、生活的有规律与高质量。也就是说，我能够成为比较纯粹的精神动物，是有物质基础的。这样的条件不是所有人都有的。我的生活方式之不可复制，我一直强调自己的生命存在具有很大的个人性，就是这个原因。

第五，我的这种生活安排，有一个明显的弱点，即不锻炼身体，连散步的时间也没有。每天只下一次楼，就是去取报纸和信件。许多朋友多次提醒我要多活动活动，我也明白其道理，但我内心的写作冲动实在太强烈，写作计划排得太满，挤不出时间。我的时间是以半小时为计的，一点耽搁不得，但我是会调整的，我之要告别一切，这也是一个原因，所谓要过半隐居的生活，也是为了腾出时间来锻炼身体和满足个人生活情趣。

舒畅：前两天经过贵阳市中心的广场，很多大妈在跳"坝坝舞"（这个舞种的"学名"就是"广场舞"）。朋友问我："等你老了，会成为她们中间的一员吗？"我说："也许会吧。"更年轻些的时候，我的态度很斩钉截铁：等我老了，坚决不打麻将，坚决不跳"坝坝舞"。可是到了现在，当我和"广场大妈"们的年纪越来越相近，我开始有点心虚，有点想反悔，因为我觉得做个简单欢快的老人比做个不流俗的老人更重要。就像当发现一种境遇自己迟早会遇上，一个错误自己难免会犯，这个时候，人往往就会懂得宽恕。

我的微信朋友圈在 2014 年底转发很多的是您在三联韬奋书店的一次发言，您在会上说："我的时代已经结束了。"还说要把最后的时间留给自己，留给家庭，过更平静也更本色的生活。您的话让我有些黯然神伤。我想知道，您这样一个充满理想主义和浪漫主义气质的人，到了老年之后，这种气质会不会平添悲剧色彩？还有就是，您有可能去跳"坝坝舞"吗？

钱理群：这就谈到了我的个人生活情趣。你问我："有可能去跳'坝坝舞'吗？"我大概不会。对老爸老妈跳"坝坝舞"，我既不鼓吹，也不批评，他们自己觉得这样舒服就好，旁人不必说三道四。

你注意我说的那三句话："回归写作"，就是回归前述我最习惯的精神性生活；"回归家庭"，就是以更多时间陪伴老妻；"回归大自然"就关系到我的生活情趣，我喜欢旅游，但对人文景观不感兴趣，只陶醉于自然景观，而且我认为，欣赏大自然，不一定非得到旅游胜地，应该在自己的身边发现大自然之美。我与自然的精神交往，全仰赖于摄影——这几乎是我唯一的业余爱好。我曾经说过，摄影"本质上是人与自然发生心灵感应的那瞬间的一个定格"；我还说过，"（我）用文字写出来的文章、著作，表达的是自我与社会、人生，与人的关系；而自我与自然的关系，则用摄影作品来表达"。我认为自己更是"自然之子"。我有一年去加拿大度假，因为语言不通，除和老伴用语言（汉语）交流外，与人的交流都是借助某个眼神、动作和表情，更重要的是和大自然进行无声的对话。有一天，我一个人面对草坪读书，突然发现（或感受到）寂静。它无声，却并非停滞，在无声中有生命的流动：树叶在微风中伸展，花蕊在吸取阳光，草丛间飞虫在蠕动，更有人的思想的跳跃与飞翔。这就构成了寂静之美。其实，我真正追求的，就是这样的人与自然交融的，充满了内在的生命律动的寂静人生。我要回归自然，就是要回归到这样的自然人生里去。我的这些感悟，都写在我的《旅加日记》里，你要真正了解我，最好是去看看这篇文章（收于《那里有一方心灵的净土》，中国文联出版社出版）。要了解我，还得看我的摄影作品：就摄影技术而言，当然不足观，但它却展现了在我的文字里看不到的内心的一个角落。记得在 2013 年初，一口气编好 2012 年四次旅游的摄影集以后，我在日记里写下了这样一段话，"（这里）揭示了我的内生生命的又一面：春日般的温馨（韩国之行），夏日的灿烂（夏威夷之行），秋日的幽深（印度之行），以及冬日之沉静（贵州行）。其中沉静或许是更为根本的。我多次说过，无论外在环境多么恶劣（我在编这几本影集时，北京的雾霾正猖獗一时），人总要生活，人在，心在，生命不息，就有希望。一切都如过眼云烟，生命，人的生命，大自然的生命，才是不朽的：这些，都存在于我的摄影里了"。

舒畅：刚才那个问题，还有个"幕后故事"——这一问，被我的一个朋友，也是您的年轻"粉丝"看到了，他表示反对："问钱老师会不会去跳广场舞，不太合适吧？"我说："我的风格就是这样啊，插科打诨，但求会心一笑而已。""粉丝"仍然反对："他一个老学者，无论如何也不可能去跳的嘛，你明知道他不会去还问，是不是有点戏弄的感觉了？"我继续反扑："为什么跳广场舞就是戏弄？说明你们文化精英还是瞧不起草根娱乐。我觉得这个问题虽然庸俗，但可以理解。""粉丝"不肯投降："事先就知道答案，但你还要问，钱老师会不会觉得你有点开玩笑的意思了？"我不屈不挠："反正要问，而且，我还要把我们的争论放到稿子里去！"

之所以曝光这个"幕后故事"，是因为这段争论让我突然很好奇您这样一个"文化精英"对草根文化的态度。记得您很多次表达过，北大和贵州，让您获得了精英和草根两种文化的相互补充和平衡，您始终把贵州视为一个精神基地，时时归来，吸取精神滋养。我想听您说说，贵州给您的滋养最重要的是来自什么？

钱理群：刚才我说到的日记里的那段话，可见我在贵州感受到的生命的"沉静"或许是更重要的。在我的精神世界里，贵州意味着什么？它给我精神的滋养是什么？这大概有两个方面。第一方面，与我在北京的苦恼直接相关。我最感不适的，就是我现在在北京的身份，即所谓"著名的老年学者"带来的"名人之累"：开会一定坐主席台，而且逢会必要首先发言；走到哪里，必有人要请你签名，合影。遇到这些要求、请求，我都尽量予以满足，但心里却觉得别扭，不自然——这一切不过是做戏，不是我所要的。更要命的是，你只要在公开场合（不管有多大范围）讲话，就会被传到微博上，弄得沸沸扬扬。像你特别注意的去年（2014年）年底，我在三联讨论会上的回应，本来因为与会者都是我的朋友和学生，人也不多，我就讲了那一番"告别"的话，不想立刻传遍全国。这就变成故意作秀了：你退就退吧，何必如此张扬？这根本不是我的初衷，但我又不能对此表示不满，因为传言者并非恶意。面对这样的尴尬，我就特别想回到贵州的老朋友中间：他们是在我落难时认识我的，他们目睹的是我的真实的平凡人生，我的所有弱点、不足、臭毛病，他们都看得清清楚楚，而我的真正价值，他们也心里有数。因此，我一直说，我真正的朋友在贵州，真正理解我的，是贵州老友。他们都是凡人，也把我当凡人看，我回到他们中间，才放下一切在北京不得不戴上的面具，恢复我的人生本色。回到贵州，有一种回家的感觉，心也就松弛下来，沉静下来，可以任意闲谈，尽性而为。我曾经这样描述我们深夜长谈的情景："别处不可说，不便说，或者说了也不能理解的话，在这里可以畅怀、放情一说，说得眼湿润、心滚烫，说不出的舒畅，豁亮！"

这就说到了贵州对我的另一层意义。不知道你注意到了没有，我的贵州朋友，比如你熟悉的戴明贤先生，还有不知你是否熟悉的贵州大学的袁本良老师，他们在性格和精神气质上都是和我相反相成的。我曾经把我与袁本良老师作了这样的对比："本良内敛含蓄，我则激情外露；本良温良忠厚，我则咄咄逼人；本良谨敬慎言，我则好事惹事；本良潇洒从容，我则峻急情迫。"戴、袁两位比较接近，他们和我是两种类型，我们彼此差异很大，但恰恰最为相知相亲，可以说是相互倾慕与欣赏。因为对方所表现出来的生命形态，是自己内心所有并向往的，只是由于种种原因被压抑了，现在在对方身上得以实现，就会感到那是另一个自我。这样，朋友之间的关系，就超越了一般所说的"友谊"，而都成为对方生命的有机组成部分，做到"我中有你，你中有我"了。我曾经说过，能够在这个层面上和本良，以及安顺的友人结交，真是人生之幸事，快事！你现在大概明白贵州友人对我的意义了吧：他们是我的生命的最重要的补给。

舒畅：我是贵阳人，但近两年我也经常去安顺。一是因为迷上了以油炸粑稀饭为代表的一堆安顺小吃，二就是因为认识了以戴明贤老师为代表的一群安顺籍，或者跟安顺有关系的文化人。他们好像跟您都很熟，近来每次说到手头正在忙活的事，几乎都会提到《安顺城记》，因此也都会提到您这位"领头羊"。不同地域环境和生活背景下的人多少都有一点本地特色吧，我接触的安顺文化人，大多平实、家常、有幽默感。春节过后我和戴老师夫妇回安顺会老友，一群人聚在一起，围着电磁炉，各自"捐献"点半真半假的故事、心领神会的笑话，就能其乐融融过上半天。您和他们的接触比较多，在您看来，安顺文化人或者贵州文化人，他们相通的精神气质的养成，跟什么最有关？您对贵州的体验，大多来自 20 世纪六七十年代，现在的贵州已经跟当初大不一样，如今您回贵州有什么不同的感受？

钱理群：刚才说到的戴、袁两位，及他们身边的中年、青年朋友（许多人你都接触了）的这些精神气质，一方面是来自中国古代文人传统，朋友形容明贤先生是"恂恂醇儒"，本良则自有仙骨，而我的外貌颇似弥勒佛，因此戏称我们一起出游是"儒释道三人行"。我是凑数的，他们二位确实是古风犹存，在当代中国是少见的，而且是存在贵州深山里，这本身就很有意思。另一方面，更重要的是，他们的精神气质和安顺这方乡土的地气，显然有本源性的关联。戴明贤先生在他的《一个人的安顺》（你一定读过了）里，将安顺的"城气"概括为"永远不变的散淡、潇洒的日常生活"和"小城人看惯宠辱哀荣的气定神闲的风姿"。当然，就像以黄果树为代表的安顺山水有"万千气象叹雄奇"的一面，安顺文化也有"刚健而奇诡"的一面，现在，以戴、袁二位为代表的安顺朋友都不同程度上继承了这一面。也就是说，安顺朋友的生命形态于中国古代文化传统与地方文化传统都有所吸取，而这正是我所欠缺的。我出生在一个现代大家族里，接受的更多是现代文化传统，我就自称为"五四之子"，这或许自有优势，如视野比较开阔，思想与文章的气象都比较大，但却根底不深，既疏于古代，又不接地气，有点悬在半空中。因此，我回到贵州，就有回归大地的感觉，在这个意义上，贵州确实是我的精神栖息地。

当然，就像你所说的那样，今日之贵州已经大变了。我曾写文章为安顺"城气"的逐渐丧失感到忧虑。连我和贵州的关系也在变化：人们越来越把我视为"名人"，这是我最感不安的。顺便说一句：你如果真要了解、理解我，首先就要摆脱"粉丝心态"，把我如实地看作一个和你一样的普通人，一个可以聊聊天的老人。从我这方面作更彻底的检讨，"贵州"对于我，依然是一个精神的存在，但贵州人的实际的日常生活，我是进不去的，它只属于你和像你一样的贵州老百姓，我最终还是一个外乡人。这样的"隔"，是更根本性的，而且几乎是无法改变的，也是你我都必须正视的。

最后还要说说你关心的《安顺城记》的编撰。它有一个大背景，就是一个古老的贵州正在远去，新的贵州正在酝酿、诞生。这是一个不可避免的历史趋势，但是，我们希望这样的嬗变不要以与历史的断裂为代价，在这方面，我们已经有了过多的教训。我们能做的，就是通过地方志的写作，把安顺这一方土地的历史传统留给后人，作为他们"认识脚下的土地"，进行新的开拓的一个参照。对于编撰者（他们都是我的贵州朋友，从 20 世纪 60 年代到今天，已经有好几代了）自身来说，这部《安顺城记》则是一座纪念碑，凝聚着这一群安顺人的生命。因此，我一开始就说，我们是为自己和未来的读者而写作的。

舒畅：我还想跟您谈谈失望。我是一个挺悲观的人，回想更年轻的时候，好像很多人和事都可以期待，到现在慢慢就放弃了把希望寄托在他人或外物身上，更偏爱待在自己的世界里，做自己喜欢、擅长和可以控制的事情。这样的变化大概就是由很多大大小小的失望导致的，不过我从不因为这些失望感到委屈，因为它们像一条条走不通的路，最终让我发现其实人只需要面对自己，又像一个个病例分析，让我知道自己应该尽量避免怎样的方式和表现。另外，我也不觉得悲观让我变得颓废，就像一个必将幻灭的终点，并不妨碍我走脚下的路，相反，当我这么想之后，我更能享受当下做每件事情的专注和充实——很奇怪，甚至还希望它有意义。

我能找到和您的一个共同点就是写作。您的写作，都是充满思考和性情，磅礴大气、启迪众生的；我的文字，则基本自娱自乐，有人看纯属巧合，没人看也自得其乐。您说自己是启蒙主义知识分子，那您在写文章时，对它产生的效应是有期待的吗？会失望吗？如果失望，为什么您还在一直写？您对教育和青年，付出了很多心血，也写过很多相关文章，在这些实践和文字的背后，您的内心到底是怎样的感受？

钱理群：这就谈到了一个问题：我为什么而写作？你注意到，我的写作具有鲜明的个人色彩，是一种主观投入式的写作，这本身就说明了我首先是"为自己"写作。在这一点上，确实是和你相通的。我们的区别仅在于，这是两个不同的"自己"。就我这个"自己"而言，我是由共和国的革命年代培育出来的，天生关心政治，有强烈的社会责任感和人文关怀，喜欢思考大问题，并且有参与社会实践的欲求等。因此，我的文章里的现实性、批判性，都是自我生命的自然流露，并非出于外在的功利目的。我的写作，也是"自娱自乐"，是自我生命的表现、升华与自赎自救。我正是从自己不间断的写作中，感受到自我生命的意义与价值，享受着生命的无穷乐趣。最近，在与我的学生聚会时，我送给他们一句话："凭兴趣做研究、写作，凭良知做事情。"我自己就是这么做的。现在也把这句话送给你——其实，你早已这样做了，这也是我们共同的追求吧。就像你说的，要在自己身上寻找意义与力量，"放弃把希望寄托于他人"。用我的说法，就是"要对得起自己，而不在乎别人怎样看你"。

　　当然，我的写作也并非完全没有社会功利，即所谓"社会责任"。你注意到我自称"启蒙主义者"，但你忽略了我另外一句话：我除了"坚守启蒙主义"，同时还"质疑启蒙主义"。你谈到我对教育和青年的巨大付出，并且问这样做时"内心到底怎样感受"。我的感受也有两个方面。一方面，我的参与，是基于人性、青春性和教育这三大基本信念。人归根结底是一个精神的动物，人到了青春期，天生地对未知世界充满好奇心，要想不着边际的大问题，而教育从本质上是一种理想主义的事业。因此，我的那些关注精神问题的、思考大问题的、理想主义的言说，就总是有人（特别是青年人、老师和学生）愿意听，也会有一定作用。这是我有自信的一面，是我能够坚守启蒙主义的内在动力。另一方面，我更深知，在中国现实环境与教育体制下，一切都是逐利驱动，奉行的是教育实用主义那一套，而且是以既得利益者的权力为支撑的。在这种背景下，所有的理想主义的努力，都是无力而效用有限的，因此我们又要质疑启蒙主义。面对这样无情的现实，我的内心当然有绝望，但我却要"反抗绝望"，这是我从鲁迅那里获得的人生哲学。我理解并实行的"反抗绝望"，也有两个侧面：一是"绝望"即"清醒"，就是从一开始就清醒于自身的有限性，不抱不切实际的幻想。用我的话来说，就是看清楚这不是教育"大有作为"的时代，只能"小有作为"；不能依靠个人的力量根本改变教育的现状，只能在现行体制内，用教育智慧寻找有限的空间（很小，但不是没有），做有限的事情。二是"反抗"，也就是采取"积极"的态度，不消极，不等待，不光发牢骚，而要从自己做起，从改变自己的课堂上的教育存在开始，我称之为"静悄悄的存在变革"。这不仅适用于教育，也适用于各行各业，包括你的编辑出版工作。这样，就能保持一种比较健康的心态：尽管有不满，有不平，但因为早有心理准备，就总能以积极的态度处之，从容应对。

当然，在一切可以、可能做的事情都做了，自己已经无能为力的情况下，那么，也只有退出。这就是我最终宣布"告别教育"的原因。坦白地说，我现在的言说空间真的越来越小了：不仅有越来越多的限制，而且在这个消费主义、虚无主义、市侩主义盛行的"小时代"，我的思考与写作也越来越不合时宜。因此，我也越来越倾向于"为未来写作"。我关心的是："我和我们能够为后人留下什么？"后人总有一天希望了解我们这个时代，就好像今天许多人都对民国时期的中国感兴趣一样。如果他们只能看到今天那些单一的主流话语——其中有许多是毫无价值的大话、空话、废话——那就太可悲了。我想给后人留下的是和主流并不一致的具有更大批判性的另外的思考，另一种声音与存在。我当然并不总是正确，也会有偏颇、失误，但我和我这样的不同话语的存在，至少可以使后人对我们的时代的认识复杂化与丰富化。多种话语的并存，才会留下我们这个时代的真实——当然，这或许又是自作多情，后人也许同今人一样，不予理会，那就没有办法了。

舒畅：最后来说说有关告别的话题。2002 年 6 月 27 日，您在北大上最后一课，告别北大课堂。之后您投身中学教育十年，2012 年 9 月 9 日，您又宣布"告别教育"。2014 年 12 月 12 日，三联书店为您举办"大时代与思想者——'钱理群作品精编'系列出版座谈会"，二十多位学者参加了讨论，但谁也没想到座谈会最后成了告别会——您在最后做总结发言时宣布，将告别学术界，告别青年，过半隐居的生活。您说："我的时代已经结束了。"

我很佩服您。在过去的几十年，您尽己所能地思考、表达和实践，追逐理想又饱尝失望，然后又能在某个时刻，勇敢地告别，干净地退场。我的身边即使是个只当了一官半职的人，退休时都会面临巨大的心理落差，更何况是您这样对当代整个中国的思想文化界都有着巨大影响的人。在做出这个决定的时候，您经历过煎熬吗？即使今后不参加学术活动，但您不会停止继续思考，您会用什么方式表现和传达您的思考呢？还有，您害怕衰老吗？

钱理群：先说"告别"的动因。一个是发现自己能够做、允许做的事情差不多已经做完了。再就是发现世界上的许多事情自己已经不懂、不适应了。从大的范围来说，许多事让我感觉到世界已经进入了一个"全球化的网络时代"，这个时代的政治、经济、文学、教育、学术，以及更深层次的人们的思维方式、表达方式，人与人之间的交往方式，以至人的生活方式、生命存在方式，都发生了根本的变化，已经完全不同于我所习惯的那个时代。而我因为知识结构的先天缺陷（不懂外文，不懂网络），在这样的全球化的网络时代面前，就处于完全不能适应、十分被动的状态：进入不了，即使勉强进去也只能浅尝辄止，不知道以后还会怎样发展变化。而年轻一代却已经进入了，而且是主动地热烈地拥抱着这个属于他们的新时代，迅速改变着自己，并且开始用自己的方式改变着这个世界。这就是我说的"我越来越不懂得当今的年轻人"的意思。仅从自己的专业范围看，也是如此。最近我看了一些材料，发现当下中国的文学创作、学术研究都处于一个大的变化之中，一切都要重新思考、重新研究，我也同样不能适应了。这本属于正常，正说明了时代的进步，学术的进步。问题是，自己该如何面对。我总结了前人和今人的两个教训。我发现，有些人无视自己已经不能适应的现实，自我感觉始终良好，还在各种场合喋喋不休地讲自己的老话，并且用自己的标准衡量一切，对年轻人指手画脚，没有意识到如此继续霸占话语权，已经成为后人前进的障碍，从旁观者看来，就有些可悲可厌；另一些人则为了继续"引领潮流"，急急忙忙与时俱进，赶时髦，其实根本就不懂，弄得不伦不类，就变成喜剧人物了，还不自知。在我看来，这都是不足取的：既然不懂，不能适应，就不能再充当"导师"，说三道四，但也没有必要紧跟潮流，轻易改变自己。最好的办法，就是退到一边，静静地观察，同时继续做自己的事情，完成与完善自己。

关键是，你有没有"自己的事情"需要"完成与完善"。我是有的，而且坦白地说，我现在的思维还处于十分活跃的状态，我的想象力与创造力还可以持续相当一段时期。因此，我的退出，就是一个主动的选择，也就没有你所担心的失落、纠结与煎熬，反而有一种如释重负之感：放弃的都是身外之物，得到的却是自己真正需要的东西。我本可以有两个选择，一是继续写自己的东西，但要分散很大精力参与各种学术、讲学活动，以保持所谓的"社会影响"；一是像现在这样，主动告别学术界，告别青年，坚守自己的学术，在少有人注意、干涉的情况下，写自己想写的东西。我是权衡过其中的利弊的。如果像一些朋友期待的那样，继续讲学、接受采访、发表各种议论，成为公众人物，或许也可以发挥某种积极作用，但我总觉得，这都是别人也可以做的，不是非我莫属的。我真正要写的东西，是对更大更根本的问题的思考，这些思考的问题意识产生于现实，但又和现实拉开距离，在一个更广阔的视野与时空范围进行追根溯源的探寻。我要做的，是现实的观察者、记录者，历史的研究者、追索者，如有可能，我还想在理论上有所建树。这些工作，是需要坐下来，沉下去，进行长时间的不计时效、不顾收获、超功利的默默耕耘的。在当今中国，恐怕很少有人愿意和能够做，而这恰恰是我愿意并能够做的。从小处说，这是我个人的最佳发挥；从大处讲，这是我能够为我们的国家、民族，以至世界做的最大贡献。

在一般人认为我还可以在现实生活里发挥作用的时候，我这样急流勇退，确实有一个现实与心理的阴影：尽管我的思维、写作现在还处于最佳状态，但我确实已经老了，不得不面对生命的有限性。不知道哪一天，我的身体（还有我老伴的身体，我已经完全不能离开她）出了问题，或者发生什么意外，我都得停止写作，这是我难以想象的。我现在懂得了鲁迅晚年"要赶紧做"的心态，就要抓紧最后的时间、机会，把自己想写的全都写出来，有一点"时不我待"的意味。我这样讲，不要吓着你，因为一切还没有发生，我现在的状态还不错。你问"你会用什么方式表现、传达你的思考"，那么，我可以告诉你，在去年12月宣布"告别"以后，我确实摆脱了一切外在干扰，埋头写作，到现在，三个多月的时间里，我已经写了二十万字，完成了四篇重要文章，涉及现实与历史、个人与社会的一些重大问题，我还编了两本书。这些文章与著作有的会和读者见面，但我已经不期待它们对社会产生多大影响，还是"愿意读的就读，不愿意读的就不读"吧。你也可以自由选择。重要的是，我自己的心态因为这样的相对自由的写作，而变得更加平和，更加从容。

你问我："你害怕衰老吗？"当然怕，因为我已经一天一天地老去，但现在还不怎么怕，因为我的思维还活跃着呢。但总有一天，我的思维、写作的高峰期会过去，以至最后停止了思考与写作。那时候，我可能就会害怕寂寞。但我已有了充分的思想准备。记得前年我和几位老同学到宁波旅游，有好几天，我不看报，不看电视，不思考，不写作，就整个没劲了，一早起来，就蜷在沙发上打瞌睡。我猜想，我生命的最后阶段，就会是这个样子。这是每一个人的生命结局。想透了，也就没有什么。就像你说的，要抓紧当下，享受当下。我现在就因为给你写了这么长的回信，说出了心里想说的一些话而相当享受。

2015 年 3 月 31 日—4 月 1 日

辑
二

晚年学思

中国现代文学研究的道路、方法与精神

访谈人：李浴洋

《中国现代文学三十年》的写作与修订

李浴洋：三位老师好！2017 年是《中国现代文学三十年》（以下简称《三十年》）出版三十周年，我们的访谈就从与这部著作相关的话题开始。该书自 1987 年问世以来，先后历经了两轮（1998 年、2016 年）大规模修订，共计印刷五十余次，不仅是普通高等教育"九五"教育部重点教材与普通高等教育"十一五"国家级规划教材，也是迄今为止使用范围最广、引用率最高与最受学生欢迎的中国现代文学史教材。这一"畅销"且"长销"的教材，最早是怎样的机缘促成了它的写作与出版，三位当时着手进行这一工作的初衷又是什么？

钱理群：我是 1978 年到北大跟随王瑶先生读研究生的，毕业以后留校任教，同时担任王先生的助手，直至先生去世。1982 年，《陕西教育》杂志向王先生约稿，希望他开设一个专栏，系统介绍中国现代文学的有关知识，作为当时流行的函授大学的教材。王先生没有精力来做这件事情，就把这个"任务"分派给了我。可以说，最初开始写作这一系列文章，是为了完成老师布置的一项"作业"。

王先生当时安排我做这件事情，主要有三方面的考虑。一是我留校以后，曾经给1981级的北大中文系学生讲授过一轮"中国现代文学"课程，手头有一份现成的讲稿。王先生认为我来做这项工作已经有了一定的基础。二是虽然我是王瑶的学生，但当时刚毕业不久，在学界还没有什么影响，和今天的青年学者一样，同样面对发表文章困难的问题。他显然是在给年轻人创造机会。三是王先生也有一点"私心"，希望他的女儿，当时在中国现代文学馆工作的王超冰也加入进来，由我在学术上带一带她。王先生对王超冰还是比较期待的。基于这三方面的原因，他把这件事交给了我。

接手以后，除去王超冰，我又邀请了温儒敏与吴福辉两位参加。他们不仅是与我同级的王先生的研究生，而且当时也都毕业不久——温儒敏同我一样留校任教，吴福辉去了中国现代文学馆工作。更为重要的是，我们三人在研究中能够互补。这样一来，一个相对理想的写作团队便形成了。

吴福辉：《陕西教育》为什么向王先生约稿？一方面当然是由于他在学界，特别是在中国现代文学学科中的地位，另一方面也与外界已经注意到当时北大的中国现代文学研究出现了一些新的动向有关。这从我们同年级研究生的论文选题中就可以看出来。例如，在我们七个人中，赵园与张玫珊都选择研究老舍，这就说明对于老舍的评价正在调整。再如，鲁迅研究虽然一直备受关注，但新中国成立以来学界谈论的主要是"左转"以后的鲁迅，而老钱与温儒敏讨论的则是此前的鲁迅，这在当时非常前沿。还有，我和凌宇的选题也很新颖，从文体演变史切入，他做抒情小说，我搞讽刺小说，这都是此前没有被专门研究过的问题。而陈山所做的诗歌流派研究，也是别具一格。《陕西教育》意识到了这些变化，所以当王先生把工作转交给我们来做时，他们也很高兴。

我们当时的研究，多少都带有一些"拨乱反正"的意味，做的是"平反"工作，也就是希望把此前部分现代作家身上的污水给洗掉，让他们在文学史中"恢复名誉"。尽管"重写文学史"的口号是后来才由上海的陈思和、王晓明等人提出来的，但当时我们所做的工作，其实就是对于中国现代文学史的"重写"。因此，当有这样一个机会可以系统地表达自己的观点时，我们自然十分乐意。今天回头来看，"重写文学史"有一个酝酿、提出、发展与变化的过程，而《三十年》的写作，正是其酝酿阶段的必然产物。

温儒敏：当初《陕西教育》约写的是函授大学的教材。查了一下日记，1982年5月13日，王瑶先生在镜春园寓所交代任务，我们三人加上王超冰便讨论大纲体例，分工落实。吴福辉和王超冰负责小说，钱理群负责诗歌与戏剧，我主要负责文学运动、思潮和散文部分，每个人还要再写几个作家的专章。我们当时是边写边拿去《陕西教育》发表，从1983年10月开始，每月刊出一至二讲，共刊出十七次，二十四讲，约二十五万字，一直连载到1984年底。每次刊出的署名都是"王瑶主编，某某执笔"，其实在当时没有多大影响。后来我们把发表的篇章汇集成书，又下了些功夫，以三个十年为经，以文体及代表作家为纬，共计三编三十二章，字数也扩展到了四十六万。我们先是联系在北大出版社出版，但因为我们都是年轻作者，出版社不愿意出。吴福辉说他认识上海文艺出版社的编辑高国平，不妨一试。上海的出版社果然很开放，不论资排辈，痛快地接纳了这部讲师写的教材。书出来是 1987 年 8 月，后来印刷了三四次，才逐渐引起学界注意。书最初并不叫"中国现代文学三十年"，在老钱的建议下才改成现在的书名。选择这个书名，主要是为了区别于几种当时通行的中国现代文学史教材。这也是受到胡乔木《中国共产党的三十年》的启发。关于出版的整个过程，我有《〈中国现代文学三十年〉出版往事》（载《中华读书报》2016年 6 月 29 日）一文，可以参看。

李浴洋：三位老师都谈到了王瑶先生与《三十年》的关系。在中国现代文学学科史上，王瑶的《中国新文学史稿》（以下简称《史稿》）是奠基之作，而《三十年》是这一学科自 20 世纪 80 年代重建以来最为重要的代表性成果。王瑶先生是三位的导师，也是该书初版序言的作者。那么在写作过程中，他发挥了怎样的作用？《史稿》是否构成了三位在写作该书时的某种参照标准或对话对象？

温儒敏：我们在写作时继承了《史稿》的很多经验。比如在体例方面，我们就直接沿用了王先生的做法；在作家、作品的评价方式上，我们也借鉴了王先生的写法。以我负责的散文部分为例，对于每位作家，我都力求使用精练的语言，概括其文学风格与艺术特征，并给予相对准确的文学史定位。这正是王先生的笔法。而他之所以这么处理，与他接受的古典学术训练直接相关。这是中国传统文论与诗论的写法，追求在风格与特征的层面上对作家做出整体评价，并进行命名。鲁迅的《中国小说史略》就是这样做的，王先生的《史稿》也是这样做的。有些评价虽然只有三言两语，但背后需要花的功夫其实非常大。我在写作《三十年》的散文部分和一些作家专章时，就自觉继承了这一写法。

在具体写作的过程中，王先生没有任何干预，完全放手让我们做。《三十年》与《史稿》之间显然存在对话关系，这种对话主要是学术史意义上的。例如，我们在写作时，几乎都要参考王先生已经做出的评价，然后判断哪些可以沿用，哪些需要补充、丰富甚至修正。对我们而言，王瑶与他的《史稿》是一个巨大的存在，构成了我们从事中国现代文学研究的基础。我曾写有《王瑶的〈中国新文学史稿〉与现代文学学科的建立》（载《文学评论》2003 年第 1 期）一文，从中也可以看到我们写作《三十年》是如何和王先生的文学史观构成潜在的对话关系的。当然，王先生在 20 世纪 80 年代初对文学史写作又有许多论说，比如他强调要在"历史的多样的具体的联系中去把握文学现象"；在批评以政治代替艺术的庸俗社会学时，又警惕刻意淡化政治的倾向。这些观点对整个《三十年》的写作，特别是我负责的每一时期文学思潮与创作的概述的撰写，都是有指导作用的。

吴福辉： 王先生对于中国现代文学的看法，并不完全集中在《史稿》中。《史稿》是他从中古文学研究转向现代文学研究之初的一部著作，后来他的许多观点都发展、调整了。在我们跟他读书的时候，他已经很少写东西，但谈得很多。除去上课，他还喜欢聊天，特别是在与学生聊天时，他有很多很有见地的判断。在这方面，我不是受益最多的。听王先生聊天最多的，是老钱与陈平原。但仅就我所听到的来说，我就感到他的很多看法与《史稿》中的表述已经不同了。现在想来，可能王先生晚年的思想比《史稿》对于我们的影响更大。

王先生晚年十分强调现代文学与古典文学、外国文学的关系，对学术史的传承和进展也非常重视。王先生的思想向来不保守。院系调整的时候，他从清华来到北大。在北大，古典文学研究是重镇；在清华，外国文学研究与新文学研究则很突出。王先生反复强调现代文学与古典文学、外国文学的关系，可见他有意融合两所名校的文学研究传统，并且他的这一宏观判断也符合现代文学的实际情况。我们对于现代文学的理解，就是在这样的背景下展开的。在当时，能够这样看问题的学者还不是很多，这就决定了我们作为王先生的学生，从一开始视点就高一些。在《三十年》的写作中，自然会反映出这种思路。

钱理群：《三十年》对于《史稿》既有继承，也有超越。在体例与一些基本观点方面，我们对于王先生的继承是比较明显的，但文学史叙述的基本框架其实并非王先生首创。1929 年，日后成为王瑶导师的朱自清在清华开设了"中国新文学研究"课程。王瑶晚年指导赵园把朱先生的讲义整理出来，这就是《中国新文学研究纲要》（以下简称《纲要》）。把《纲要》《史稿》与《三十年》放在一起，可以看出一条清晰的学脉。

不过，我更想说的是《三十年》对于《史稿》的超越，这需要在一个更大的时代背景中来看。王瑶写作《史稿》的一个重要的理论资源是毛泽东的《新民主主义论》。但到了写《三十年》时，我们已经不再满足于单纯根据《新民主主义论》来进行文学史研究了。我们当时认为"现代化"是一条更为根本的叙述线索。这一观点在我们为《陕西教育》写连载文章时还不是特别清晰，但到了修订成书时，就已经比较明确了。

1985 年，我与黄子平、陈平原一起提出"二十世纪中国文学"的概念。提出这一概念的直接动因，是为了回应当时学界关于五四运动指导思想的讨论，其背后正是如何看待《新民主主义论》的问题。根据毛泽东的经典论述，马克思主义是五四运动，也是五四新文学的指导思想。"文革"结束后，南京大学的许志英先生最早对此提出质疑。今天看来，这一质疑是有道理的，但在当时却遭受了猛烈批判。他被中宣部点名，作为宣扬"资产阶级自由化思想"的代表，承受了很大的压力。而中国现代文学研究界的一些前辈学者，也被要求必须发表文章批判他的观点。现在有一种把 20 世纪 80 年代理想化的倾向，其实在当时进行学术争鸣还是要承担相当的政治风险的。

我与黄子平、陈平原都注意到了这场争论。我们当时就想，许志英的做法是硬碰硬，效果并不好。于是我们就决定不在五四新文学的性质上做文章，而是尝试提出一个能够将这一问题消解掉的新概念，这样便有了"二十世纪中国文学"。我们把新文学的起点推到晚清，也就回避了直接评价五四新文学性质的问题。既然整个"二十世纪中国文学"的主流都是追求现代化的，那么五四新文学当然也就包括在内了。这是我们当时的考虑。

《论"二十世纪中国文学"》（载《文学评论》1985年第5期）发表以后，在学界产生了很大影响。究其原因，与这篇文章呼应了当时的社会思潮以及学界的普遍追求有关。但我们也知道，王先生是绝对不会同意我们这一提法的，因为我们直接挑战的就是他在《史稿》中建立起来的文学史叙述模式。所以在整个酝酿过程中，我们都没有跟王先生交流，他也没有过问。等我们的文章发表出来，他私下向我们表达过不同意见，但并没有公开批评。相反，他对我们是非常保护的。这是一种十分理想的师生关系。导师尊重学生，即便存在分歧，也不会强加干涉；学生也尊重老师，我们事后其实吸取了王先生的批评意见，我们都没有按照当初的设计真正去写"二十世纪中国文学史"便是一个证明。其实"二十世纪中国文学"的概念有其具体的历史背景与对话对象，也有其阶段性的功能与作用，现在它的使命已经完成。

这就说到"二十世纪中国文学"与《三十年》的关系问题。《三十年》修订成书时，正是我对"二十世纪中国文学"兴致最浓的时候。因为全书由我负责统稿，所以我在最后就把这一观点写了进去。在《三十年》初版中，有一篇我执笔的长篇绪论，内容正是"二十世纪中国文学"的基本观点。吴福辉、温儒敏与王超冰并没有参加"二十世纪中国文学"的讨论，而且《三十年》的写作其实在这一概念提出之前就已经基本完成了，虽然他们充分尊重我在定稿时进行的修改，但我这样处理，多少有些不太妥当，绪论与正文中的论述有很多是脱节的，因此，当1997年该书计划再版的时候，我把绪论整个删去了，只保留王瑶为《三十年》所作的序言。

李浴洋：《三十年》写作与修订的三十年，正是中国现代文学学科发展最为迅速的三十年。在某种程度上，该书见证并参与了这一学科的风起云涌与移步换形。而且我注意到《三十年》在1998年与2016年两次修订的规模都很大，不仅有结构方面的调整，部分章节更是近乎完全重写。能否请三位老师介绍一下这方面的情况？

吴福辉：《三十年》初版问世以后，学界普遍开始了"重写文学史"的实验，在很多重要问题上都提出了新的观点。在我看来，当年的学术态势决定了文学史写作必须集大成，也就是消化、吸收学界的研究成果。中国现代文学研究界也希望《三十年》能够反映学科的最新发展。温儒敏到北大出版社担任总编辑后，把《三十年》的版权从上海文艺出版社收了回来，借此机会进行修订。这本文学史是时代与学界共同努力的成果。一部好的文学史的出现，需要以学界的研究为基础，同时也需要现实机遇的促成。

1997年开始修订时，除"现代性"这一贯穿线索的加强引起全局变化外，一个比较重大的改进是把"通俗小说"部分写成专章。以前学界对于通俗文学不太关注，而我因为研究小说，尤其是海派小说，就接触了一些研究通俗文学的学者。20世纪90年代以来，苏州大学的范伯群先生带领他的学生在这一领域取得了很多成果。他们每次开会都会邀请我去参加，我也就这样自然而然地开始研究通俗文学。当时范先生提出"双翼说"，认为"通俗文学"与"新文学"是现代文学的两个翅膀。我们三人都不太同意这种说法，因为新文学是主流，通俗文学尽管也有市场，但两个翅膀显然不是一样大，"双翼"没办法"齐飞"。但通俗文学研究的兴起，又的确是一个十分重要的学术动向。把通俗文学现代化的进程也纳入中国现代文学整体发展中，而不是排斥在外，显然是正确的。所以讨论时大家同意我把这一部分写入 1998 年再版的《三十年》中。

到 2016 年再次修订时，学界对通俗文学的认识又有了一些新的变化，所以我又把"通俗小说"这三章重写了一遍，并且在命名上也做了推敲，将其改为"市民通俗小说"，这样就更准确了。

温儒敏：1997 年我到北大出版社担任总编辑，提出应当把教材出版作为北大出版社的工作重心。当时除去把《三十年》的版权收回，修订之后再版推出，我还推动了洪子诚的《中国当代文学史》、张少康的《中国文学理论批评史》以及一批语言文学方面的教材的问世。不仅是做中文学科的教材，当时的北大出版社还承担了中央电大系列教材的编写与出版。后来我回北大中文系做系主任，也鼓励大家参与教材编写。因为我们的学术评价体系对于教材是有偏见的，认为教材不是学术成果，这就导致很多好的学者不愿意花费精力编写教材。但教材的重要性又不言而喻，所以我的工作便是鼓励大家重视教材的价值。我自己带头做的，就是提出修订《三十年》。

《三十年》初版时，我们还比较年轻，总想超越一般教材的写法，放手往"深"和"新"里写，使教材带有著作性质。但 1997 年准备再版的时候，我们就有意识地让它回到教材的队伍中来。当时我们去香山住了好些天，集中修订。初版时我们写得还比较拘谨，修订的时候就放开了。我们三人的风格其实也不太一样。比如我和老吴比较注重对作家的艺术判断与风格把握，而老钱更擅长从"大"的思想与意义方面着眼。再如老钱对于自己喜欢的作家、作品会发挥得比较多，不太考虑各个章节之间篇幅均衡的问题。每个人也逐渐形成了自己的文风。这些我们都不强求统一。最后由我负责统稿，做了一些必要的删削，他们对此也都同意。这就是再版的《三十年》既能充分体现作者各自的特点，又能在整体上保持相对统一的原因。

吴福辉：《三十年》是一个风格各异的整体。现在由多位作者合著的文学史很多，能够做到风格各异不难，但想要真正成为一个整体就不简单了。在这方面我们还是比较得力的。因为我们三个是同门，平时交流也很频繁，总的学术观点比较接近，所以尽管每个人的面目都不一样，但还是有很多内在的相通之处。另外，我们也都尊重对方的修改。初版时，老钱负责统稿；再版时，老温负责统稿。我把稿子交给他们是非常放心的。陈晓明说与其他集体写作的文学史相比，《三十年》给他的最大的感觉就是完整。这得益于我们之间的默契和配合。

温儒敏：我特别要说明的是，2016年的修订，其实就是"第二次修订"，修改幅度不小。可惜北大出版社出这个新版时，没有在封面上标示"第二次修订本"，只说"重印"，在版本辨识上造成一些麻烦。这次修订吸收了学界近年来的一些研究成果，以及我们各自的研究心得，还有一个目标，就是压缩篇幅，使之更适合教学。对于一些篇幅太长的章节，像老钱写的"戏剧"部分，这回就砍掉了很多。这样处理，主要是为了教学需要。

　　我负责的部分改动也比较多。对于一些作家的具体评价，我做了补充调整，力图更加精粹。例如，论及五四新思潮的偏激，就增加了几句评述，以回应当今某些看法："由于对西方文化径直急取，全盘吸纳，并对传统文化采取以批判为主甚至基本否定的态度，这种偏激做法带来了负面影响；但若说他们这一代割裂了传统则未免言过其实，对历史的偏误也应当有同情的理解。"当谈到革命文学论争时，则添加了一段分析："革命文学论争经历了近两年时间，论战双方有些情绪化，'火药味'很浓，所涉及的很多理论问题并未解决，但绝非毫无意义，鲁迅的批评意见也不等于对论争的盖棺论定。论争的实质是，在历史的突然逆转中感到困惑与迷惘的作家和知识分子，想通过'理论斗争'来整理、思考和寻找自己，他们对'五四'时期建立起来的文学观念的颠覆或反颠覆，都是一种'重新寻找'，希望能在文学与革命之间建立某种新的联系，以便在文学上恢复和继续他们受挫的革命使命。"在评述周作人的散文一节，则有意将其和鲁迅进行比较："若论散文成就，除鲁迅之外，恐无人能与周作人比肩。不过周氏兄弟二人的风格迥然不同，鲁迅写血性文章，萧杀中有浩歌奔涌，周作人则种自己的园地，昏暗中摇曳思想的闪光。"像周作人与林语堂的散文部分，增加了差不多一倍的篇幅，进一步肯定他们散文创作上的成就。再像赵树理，我们补充了他对戏曲与地方文化的继承和发展。总之，这次修订吸收了最近二十年间中国现代文学研究的一些最新成果，同时在表述上也追求比1998年的版本更准确、精练。这次修订最后还是我来统稿，花费精力最多的是资料核实。每章附录的年表主要是为了增加历史感，提供文学史料的线索。旧版有不少错漏，我们专门请人把史料逐条核实，尽可能依据第一手材料，纠正了不少差错，总算比较安心了。

钱理群：我想谈一下我们在写作与修订《三十年》时坚持的一个原则，那就是持重与创新的结合。我们三个人都有自己的学术个性，所以在合作时，我们很自觉地达成默契，那就是在这一过程中既要突出个性，又不能太突出个性，否则没法跟其他人兼容。《三十年》的定位是教材，这也就决定了我们在写作与修订时要发挥自己在专业研究方面的优长，但写出来的又不能全都是一家之言。换句话说，我们追求创新，但创新必须以持重为基础。持重是一种非常重要的学术品格。后来我想，中国现代文学研究这个学科的特点，大概也是持重与创新的结合。理想的中国现代文学研究，既要有时代性，甚至有超越时代之处，同时还要有历史感。这是我们坚持的一个基本原则。

我举几个例子。在我们写《三十年》时，整个学界的主流是给历史上的自由主义作家翻案。当时左翼作家的处境非常尴尬。他们不是被全盘否定，就是被搁置起来，不予评价。尽管新中国成立后出现过一些"左"的错误，但我认为对于历史上的左翼作家，特别是左翼文学传统，我们还是应当高度肯定。所以在写"新诗"部分时，我就用了很大篇幅谈论这个问题。我认为新中国成立后对于自由主义作家的打压是不对的，但学界从20世纪80年代开始对于左翼作家的有意疏离也是不客观的。"左"的错误与左翼传统，不是一个概念。"左"的教训当然要总结，但左翼传统是非常重要的资源。一直到今天，都是这样。

再比方说，怎么评价赵树理，一直是 20 世纪 80 年代以来中国现代文学研究界聚讼纷纭的话题。在写作与修订《三十年》时，我提出赵树理应当列专章，与"鲁郭茅巴老曹"一样。他有其独创的贡献，并且到现在为止，我们对于他的重要性的估计也还很不够。同时，我还提出沈从文应当列专章。王瑶先生不喜欢沈从文，在《史稿》中对他的评价不高，但我认为沈从文很重要，是"大家"级别的作家。学界从 20 世纪 90 年代开始出现了一轮又一轮的"沈从文热"，而在 2000 年以后，赵树理的意义重新被大家认识。这就是我说的持重与创新相结合，既要尊重历史事实，同时也有一定的预见性。

还有张爱玲的问题。现在很多文学史对张爱玲的评价很高，这多少受到当下的文坛风尚的影响，但我们坚持在《三十年》中不给张爱玲列专章。她有特色，但格局毕竟还是小了一些。

吴福辉：我们不给张爱玲列专章，并不是因为保守。张爱玲被学界重视，与夏志清的《中国现代小说史》在 20 世纪 80 年代传入国内有很大关系。我们大概是最早读到这部著作的人。我们在北大读书时，同学中有一些港台生与华侨生，他们经常会带来一些境外的学术著作。我们的同门张玫珊就是华侨生。通过这一渠道，我们很快就看到了刘绍铭等人翻译的《中国现代小说史》。后来写《三十年》时，我就把张爱玲写了进去。根据陈子善的考证，这是张爱玲在国内第一次被写入文学史。在此之前的很长时间，她都是绝对不能"入史"的。只不过我们对她的评价没有夏志清那么高，认为把她放在一个重要作家的位置上就很好了。

钱理群：做文学史研究，一方面要注意吸收学界最新成果，另一方面也要自觉跟时代潮流保持一定距离，特别是在价值判断方面，不能赶时髦。小到作家、作品的评价，大到如何看待左翼与自由主义这类根本问题，一个好的文学史家必须能够从历史中得出结论，而不是被时代风气牵着鼻子走。我经常说，做研究要面对一切历史事实，而处理现代中国的文学、思想、历史与政治问题，尤其应当如此。

中国现代文学学科与《中国现代文学研究丛刊》

李浴洋：中国现代文学研究在 20 世纪 80 年代曾经是整个人文学术中的一门"显学"，但到 90 年代便被判定为"已经不再年轻，正在走向成熟"。进入 21 世纪以来，它又转入了常态化的积累与生产，同时也面临诸多新的问题与挑战。三位都完整地经历了这一过程。请问你们是如何看待这一学科的历史命运的？

温儒敏：2014 年 10 月，我在卸任中国现代文学研究会会长时曾经做过一个发言，谈的就是这个问题。我当时说："改革开放 35 年来，学科先后经历了拨乱反正与重新评价、人道主义回归、'重写文学史'、'20 世纪中国文学'设想的提出、西方现代主义及后现代等理论的引入、文化研究的新潮，以及市场化和全球化的冲击，等等，可以说是一波接一波，不断产生足以辐射整个学界的影响，现代文学研究始终和时代的变革息息相关。"我想这一评价是实事求是的，同时也说明了这一学科的命运浮沉为何格外剧烈。

对于学科在当下存在的问题，我并不讳言。我当时指出的主要有两方面：一是"价值危机、信仰危机在严重冲击着学界，很多偏激、片面的观点左右着研究者特别是青年学者的好恶和判断"，具体而言，便是"历史唯物论被放逐，价值评判标准被颠覆，虚无主义和相对主义大行其肆"。二是一些"并不利于治学的现象与取向"，例如"学科分工越来越细，视野越来越窄，壁垒越来越厚，学问越来越琐碎；很多人都把自己局限在某个小的研究范围，用类似打井的办法轮番发掘和榨取'成果'，重复动作太多；挖掘很多早已被历史掩埋的其实不见得有多少价值的史料，满足于琐碎的史事追寻；文学评论则被市场和人情所牵制，失去个性、眼光与判断力；以论带史的空论流行，理论和概念的使用不是为了发现新问题，而是为了显示'理论操练'本身，文学研究的'文学性'越来越淡"等。

对学界的这些反思，其实也是对自己的反思。我从 20 世纪 70 年代末开始研究中国现代文学史，重点放在文学思潮与批评，也研究鲁迅等作家、作品，甚至还参与过比较文学学科最初的创建活动。对中国现代文学，自己还算尽力，出了十多本书，写了两百多篇文章，汇集起来，恐怕也有上千万字。有的著作在学界赢得过好评，重印率较高，得到许多奖励，但说实在的，真正放开来写、自己又满意的文章不多。比较而言，80 年代末期到 90 年代写的一些文章，是比较注重"致用"的，这个"用"不是实用，而是力图回应时代提出的问题，与现实对话，有一些较切实的思考。如 1986 年写《新文学现实主义的流变》，是因为当时人们已听腻了虚情假意的空话文学，渴求真实的审美的艺术，希望能梳理总结现实主义思潮的得失经验，给这一老旧而又新鲜的话题增加一点历史感。80年代末写《中国现代文学批评史》，是因为目睹当时各种西方文学理论再次如尼罗河般泛滥，想通过总结近百年来文学批评的历史，去观照当时的学界。再近一些，21世纪初撰写《现代文学新传统及其当代阐释》，也是为了回应当时出现的否定五四新文化运动的思潮，力图从历史变迁的角度观察现代文学"新传统"如何作为民族语言的想象共同体而形成，并探究其对当代文化的影响。这些论著总是以现实关切做研究的驱动力，也比较认真，然而都不够圆熟精到。后来越写越多，名声好像越来越大，反而不如当年纯粹。我对自己的研究成绩其实总是不满意。好在知道自己底子就这样，也没有把文章看作"经国之大业"，不急不躁，踏实去做，能做一点是一点，尽心就是了。

钱理群：20世纪80年代是一个启蒙的时代，而中国现代文学本身就是在启蒙主义的影响之下发展起来的，所以与那个时代的精神氛围自然也就比较合拍，一度成为时代的宠儿。进入90年代以后，整个学界开始高度学院化，这是对于80年代的一种"拨乱反正"。因为80年代的学风在整体上比较粗放，在反映社会情绪方面做得比较好，但科学性不足。到了90年代，学界开始提倡学术规范，追求专业化，这当然有时代背景在发挥作用，但也是学界自觉做出的调整。应当说，这种调整十分必要。我不认为这是什么"转向"，因为当时的学院派也是非常有担当、有情怀、有底线的，只不过是调整了自己的工作重心而已，在大的方向上没有出现太多问题。

进入 21 世纪以后的情况就比较复杂了。我提出的"精致的利己主义者"的说法流传很广，而现在学界其实就是在被这样一批人把持。他们占据主导地位以后，底线就逐渐被突破了，学界也变得越来越浮躁，越来越世俗，越来越功利。这就不是学院化本身的问题了。相反，我最近几年一直在呼吁我们需要真正的"学院派"。

2015 年，我参加了"中国现代文学研究的传统——庆贺孙玉石教授八十华诞暨孙玉石教授学术思想研讨会"。我在会上做了一个发言（《孙玉石先生的学术与人生境界》，载《中国现代文学研究丛刊》2016 年第 3 期），我认为孙先生就是一个典型的"学院派"，学术就是他的生命本身，在他的生活中学术是最为重要的部分。直到八十多岁，他还在一线从事具体的新诗史料的辑佚工作，他在新诗史研究与新诗评论方面也有很强的创造力。他一生不慕名利，同时又有很强的自省精神。他的忏悔意识大概是同辈学者中最强烈的。这就是我们中国现代文学学科的学者，我们应当提倡的就是做这样的"学院派"。

另外，对于学科本身，我们也完全可以抱着一种开放的态度。进入 20 世纪 90 年代以后，我们学科很多优秀的学者都不再做现代文学研究了。比如，赵园转向了明清之际的士大夫研究，陈平原去做学术史与教育史研究，汪晖去做思想史研究，我退休后也把主要精力放到研究当代中国的政治和思想问题上。他们在这些领域都取得了很高的成就，所以学科的边界不是死的，学者没有必要被学科限制住。毕竟中国现代文学只有三十年，数来数去就是那些作家、作品。这是一个长处与短处都十分明显的学科，而它的长处与短处又是联系在一起的。

温儒敏：三十年的时间短，但这是继往开来的转折时期，是精神现象极其丰富的特殊时段，还是有很多东西值得挖掘，做更深入的研究。现代和当代本是一家，完全应当打通，打通就有上百年了。有人提出现代文学研究的问题是"人多地少"，有一定道理。但这不是现代文学特有的问题，人文学科许多领域都有"人多地少"的问题，这是当代学术生产的普遍现象。现在的学者很多都是处在"项目化生存"的状态，做学术很大程度上是功利的，这当然也可以谅解。但如果真喜欢做学问，把做学问当作自己的生活方式，能沉下心，那就不去管什么"人多地少"，有一块"自己的园地"认真耕耘就好。我想总是有少数人会这样对待学术的。青年学者往往慨叹生不逢时，不如前代人幸运，我看未必。一代有一代之学术，就同一个论题，不同代际的学者可以做出不同的文章，既可以"接着说"，也可以"做出去"。不过"做出去"也要有根基，文学的眼光和方法有其长处，亦有其短处，不是能"通吃"的。相信年轻学者自有他们的天地。

钱理群：研究中国现代文学，好处是可以从我们的研究对象出发，处理一些比较重大的问题。比如可以通过周氏兄弟来思考如何处理与传统文化、外来文化的关系问题。我曾经提出，研究鲁迅的当下意义之一便是对人类已有的全部文明成果进行检讨。这是鲁迅在他的时代所做的工作，也同样是我们今天面临的问题。我们今天的思考还远未达到鲁迅的高度，所以中国现代文学研究其实还有很大的拓展空间。研究周氏兄弟，如果只是就鲁迅谈鲁迅，或者就周作人谈周作人，是非常不够的。必须把一些大的思考带入进来，形成大的视野与问题意识。换句话说，这个学科可以为学者提供一些基本的立足点与出发点，有了这些，才能够走得更远。像赵园的研究，就与历史学界的一般做法不太一样，她可以做出一些新鲜的东西，这与她具有的作为中国现代文学研究者的独特的精神气质直接相关。所以，对于一些学者"转向"的问题，也要辩证地看待。一方面，他们的确是离开了这一学科；另一方面，他们又与这一学科保持着某种血肉联系。

吴福辉：就学科内部而言，过去三十余年间做的最主要的一项工作就是"重写文学史"。那么，我们现在写出理想的文学史了吗？显然还没有。因为文学史的写作需要进行综合，但我们现在所做的工作基本上还是分解。经过三十余年的努力，我们已经把长期以来形成的一些关于文学史的条条框框分解掉了，但目前这项工作还没有完成。现在流通的绝大多数文学史还是大同小异，在材料与对于具体作家、作品的评价方面有些修补，但在观念与见识上的更新不多。我认为，我们应当提倡大家来写多层次与多角度的文学史。换句话说，到了进行个性化的文学史写作实验的关键节点了。

我的《中国现代文学发展史（插图本）》就是一次实验。我在全书的结构与叙述上有意采用多元与开放的处理方式。当然，这也导致一些批评，即有的学者认为作家、作品在其中不再占有主体位置了，这动摇了文学史以往的根基。我从来没有要求大家都按照我的方式来写文学史，我所做的只是提供一种实验的思路。在我看来，文学史的关键不在于罗列多少作家、作品，而在于对作家、作品的定位是否准确，分析是否深入。古代文学早就已经实现经典化了，现代文学同样需要如此。以后的文学史必然越写越薄，里面讲的作家不会太多，但都会写得比较深，史的线索更清楚。这是一项高度综合的工作，只不过现在条件还不成熟。学科从大方向上是可以朝着这一目标努力的。

李浴洋：三位老师都曾在中国现代文学研究会中担任领导职务，并且长期主编《中国现代文学研究丛刊》（以下简称《丛刊》）。一般意义上的学术史研究通常只关注学者的个人著述，但从三位身上可以看到学科建设、学会组织、教材写作、杂志编辑以及课程设计等方面的工作，这些同样是学术史的重要组成部分。而在比三位更为年轻的学者那里，似乎已经很难见到这种对于学科的热切关注与持续投入了。能否请三位老师谈谈在这方面的工作和思考及其与个人学术研究的关系？

钱理群：我认为一个合格的学者应当具备三种承担：一是对于自我的承担，二是对于学科的承担，三是对于国家和民族的承担。并不是所有学者都有这样的承担意识。在我这里，我是非常注重自己是否做到这三种承担的。也就是说，我对于学科的关注和投入是高度自觉的。这在中国现代文学学科中是有传统的。

比如樊骏先生，他是一位成就很高的学者，但一生写的著作并不多，原因就是他把自己的绝大多数精力都放到思考学科如何发展的问题上。他在世的时候，每年都要花费大量时间追踪当年的中国现代文学研究的推进状况，及时做出总结和提醒。樊先生去世以后，很多人在写怀念文章的时候都会提到他对于学科的贡献。但不能忽略的一点是，他是以牺牲自己的学术工作为代价的。现在的学者关注学科的问题越来越少，这也不是不能理解，毕竟不是每个人都愿意并且能够具有樊先生那样的牺牲精神。

我因为毕业以后给王瑶先生做助手，所以很早就接触到樊骏先生。我对他十分敬佩，从一开始我就决定要接着他的工作往下做。我的特点是精力比较充沛，可以兼顾个人的学术研究与学科工作。直到退休以前，我都一直负责学会与《丛刊》的事务。退休以后，我虽然不在一线了，但仍然关注学科的发展，写了很多相关的文章，比如《我们所走过的道路——〈中国现代文学研究丛刊〉100期回顾》。这样的评述和总结刊物、学科发展的文章，过去都是樊骏先生写的，现在就由我接着往下写了。这些文章后来都收到《中国现代文学史论》一书中。大概在同辈学者中，我是看新出版的著作与新发表的论文最多的人，包括几所主要大学的中国现代文学专业的博士论文，我也都看。这也是学科"反哺"我的一个方面，即我个人的学术研究可以不断从学科的发展中获得新鲜的刺激。

我对樊骏先生工作的继承，还有一个方面，就是对前辈学人的研究。樊骏对王瑶、唐弢与陈瘦竹等现代文学研究的第一代开创者的学术研究，都作了精辟的阐释；我接着他研究了李何林与钱谷融，又继续研究了第二代的几位代表性学者，比如严家炎、樊骏、支克坚以及孙玉石等。这样的学科史研究是对前辈学人的学术经验的总结和传扬，是学科建设的一项非常重要的基础性工作。

为什么我们这一代人会格外关注学科的问题？这与我们的成长背景有关。中国现代文学学科在20世纪80年代重建的时候，除去王瑶与唐弢等几位前辈学者，中间一代也只有严家炎老师和樊骏先生他们。也就是说，在学科的梯队建设方面，存在很大的空当。所以我们这代人一毕业就有很大的施展空间。而像我和老吴，由于既是王先生的学生，又比较年长，拥有比较丰富的社会经验，因此从一登上学术舞台就参与到学科的组织工作中。当时的通信条件不太发达，整个学科也百废待兴，所以大家很快就形成共识，即学科的重建需要一个专门的机构来进行组织与联络。于是，中国现代文学研究会应运而生。

中国现代文学研究会在成立后主要做两方面工作，一是召开一系列会议，二是编辑出版《丛刊》。当时的学术会议不像现在这么频繁，这么流于形式，整个学科的学者除了一年举行一次年会，专题性的会议基本上也是一年只有一回。因此大家都准备得非常用心，都是带着自己一年当中最好的论文前去参会。所以每开一次会，就会在学界形成一股潮流。比如我们组织过"中国现代文学研究创新座谈会"（就是陈平原宣读《论"二十世纪中国文学"》的那次），还有关于流派研究的会、关于史料工作的会等。几乎每一次会议都会成为当时学科内的重要学术事件，影响甚至波及整个学界。后来樊骏就提出，要有意识地通过各种会议引导学科的发展。所以我们的会不仅要反映学科已有的成果，还要着力提出一些新课题与新方向。

我在1994年中国现代文学研究会的西安年会上提交了《我的中国现代文学研究大纲》，为自己的研究，也为现代文学学科的进一步发展，选择了两个重要的突破口：一方面是"抓住对20世纪中国文学的发展（或文学的现代化）起着直接影响与制约作用的三大文化要素（背景）——出版文化、校园文化与政治文化，开拓新的研究领域，进行文学社会学、文化政治学的研究"；另一方面是"对'经典作品'进行精细的文本分析，抓住'有意味的形式'这一中心环节，总结现代作家的艺术创造经验，进行理论升华，逐步建立'中国现代诗学'"。为了落实这样的研究新课题与新方向，我不仅自己身体力行，而且还用很大精力进行了相应的学术组织工作，例如在《丛刊》上有意识地开辟了"现代文学与现代出版"等专栏，编辑出版"20世纪中国文学与大学文化丛书"与"诗化小说研究书系"等系列著作。2013 年由北大出版社出版的《中国现代文学编年史——以文学广告为中心（1915—1927）》（以下简称《编年史》），在某种意义上可以看作是我和朋友们在 1994 年设计的第一个方面的研究成果的集大成之作。这一目标的达成前后积累了二十年。

　　这一经验表明，推动学科的发展，最重要的是善于从大处把握与思考，提出新课题与新方向，这就需要对学科发展具有自觉的承担意识。从王瑶到樊骏，再到我，还有比我更年轻的陈平原，我们都自觉把学科的命运与国家、民族的命运联系在一起。我们对学科的关注，说白了就是对学术本身的关注，是对整个国家、民族的关注。当时我们为什么会特别重视中国现代文学研究会的工作？因为这是一个比较纯粹的民间组织，而在我看来，中国的改革向来都是自上而下的，这固然有力度，但也存在很多问题，有些问题还根深蒂固，所以我们需要一种自下而上的民间力量的推动。我们投入大量精力到研究会的工作中，为的就是可以发展出一种民间学术，并通过这一形式参与中国的改革进程，发挥我们自己的作用。当然，在 20 世纪八九十年代，我们的这一目标经过努力还能部分实现，但进入 21 世纪以后，民间学术已经基本无法生存了。陈平原先编《学人》，后编《现代中国》，先后坚持了二十五年，最后还是停刊了，这就是一个证明。

当时学科工作的另外一个特点是非常重视年轻学者，尽可能地创造一切条件为优秀的年轻学者搭建舞台。所以无论是办会议，还是编《丛刊》，我们的目的都是扶植、推荐年轻学者。我当时负责编《丛刊》，每期都会有意推出几篇年轻学者的论文，不但刊登出来，而且在编后记里给予重点介绍，让学界关注他们。那时《丛刊》的地位很高，很多学者的第一篇重要的学术论文都是在《丛刊》上发表的。发现新人，是我们当时的共识。这可能是受了鲁迅的"中间物"意识的影响。也就是说，做学科工作，应当自觉把自己摆在一个"中间物"的位置上，而不是借此争名夺利、拉帮结派。

那时整个学科的氛围也很好。比如北京几所主要高校与研究机构的学者都非常注重与对方合作，像我们北京大学的几位学者和北师大的王富仁等人都有极好的关系，以后和中国人民大学、清华大学、中国社科院的同人也都有很好的合作。南北学界同样十分默契。在中国现代文学学科史上产生很大影响的"万寿寺会议"（也就是"中国现代文学研究创新座谈会"）和"镜泊湖会议"，都是南北学界合作的结果。我们在北京提出"二十世纪中国文学"，上海的陈思和、王晓明和蔡翔都来支持；他们打出"重写文学史"的旗号以后，我们也积极响应。当时《上海文论》开办"重写文学史"的栏目，

《丛刊》马上也设立类似的栏目，与他们呼应。我们这一代人虽然师从不同的导师，在不同的大学工作，但我们之间从来没有地域与学派的隔阂。这种氛围也是让大家愿意并且乐于投入学科工作中去的重要原因。

至于关注学科发展与我个人的学术研究的关系，两者当然是非常密切的。我做研究，除了出于自己的兴趣，更多考虑的其实便是学科需要什么。这也构成了我的一个突出的学术个性，即有很自觉的全局观与整体观。

吴福辉：我们三个人在文学史的研究中都是多方面的学者，不只是某一个领域的专家。这与我们关注整个学科的命运密切相关。在做学科工作，尤其是中国现代文学研究会的组织与《丛刊》的编辑时，我们也会把学术标准放在第一位。也就是说，学科工作的核心是学术，不是其他东西。

老钱说过学科工作中最重要的是《丛刊》，其他都是虚的。我同意这种看法。特别是现在的学术会议很多，新成立的各式各样的研究机构也不少，但会议和机构都偏重展示，注重标新，而不是从根本上推动学术发展。做学问还是要靠在书斋中努力，不是活动越多，做得就越好。《丛刊》相对来说比较能够及时跟进学科的发展，跟研究者的关系也比较纯粹，所以能够起到引导与团结研究界的作用。我们用了三十多年的时间打造出《丛刊》这样一个"品牌"，值得年轻一辈认真坚守与发扬。

温儒敏：我也说说《丛刊》。从 1980 年创刊到今天（2017 年），《丛刊》已经走过三十七年，是个老牌刊物了。三十多年来，《丛刊》

共发表近四千篇论文，吸引作者上千人。很多现代文学研究者都是从《丛刊》迈入学界的。《丛刊》始终引领现代文学研究的方向，呈现这个领域最优秀的成果，扶植现代文学新进的学者，支撑本学科的建设。在这个浮华的年代，整个学术生态因为过分功利化、技术化而失衡，《丛刊》面临很大冲击，仍然不趋时，不走商业路线，尽力维护学术尊严，维护学术标准。最困难的时候，经费没有着落，我还得去找钱，记得讨论过多少回，最终还是决定不卖版面。我担任《丛刊》主编十二年，做得最多也是最难的事就是"砍"稿子。质量不够格，哪怕是人情稿，也得"砍"。这是容易得罪人的事。现在想来，挺不容易的。老钱、老吴也都主持过《丛刊》，我担任主编时，始终得到他们以及傅光明、刘勇等同人的支持，共同支撑着老先生留下来的这份持重的刊物。我最近刚刚卸任主编职务，希望这个刊物能继续维持较好的质量。

比较自豪的是，中国现代文学研究界的气氛一直比较融洽。虽然有时也会有学术观点的冲突，但我们不搞宗派，也没有立过山头，这是非常难得的，也是很多兄弟学科羡慕的。因为我们拥有相近的学术理想，能够意识到良好的学科氛围对于各自的学术研究具有促进作用。以前网络不发达的时候，现代文学研究界基本就是靠研究会和《丛刊》联络起来的。我在写专业论文的时候，心中拟想的读者就是《丛刊》的读者。这既是一个"学问圈"，也是一个"朋友圈"，让人觉得十分温暖。

从文学研究到文学教育

李浴洋：我注意到，三位老师不仅是当代重要的文学史家，而且也都在文学教育中投入了大量心力。尽管具体的着力点不同，但从中年时期开始密切关注教育问题，似乎也是三位的共性。三位老师频繁就此发言的主要动因是什么？长期从事的中国现代文学研究又为你们的教育理念提供了怎样的思想资源？

吴福辉：我们三个人都关注中学语文教育，这与我们的一个基本判断有关，那就是我们认为每个现代人都应当具备一定的文学修养，知道自己民族和其他民族有哪些伟大的作家，进而通过阅读伟大作家的作品，提升自己和整个民族的精神素养。文学审美中包含了对认识现实与把握现实的能力的培养，人的想象力的养成也同样离不开文学的涵养。我在中国现代文学馆工作的重心之一，就是要把文学推向社会。因此，我们从事专业的文学研究，也需要把书斋与社会打通。而关注中学语文教育，正是我们在这一方面做出的努力。

在王瑶先生指导的我们那一级研究生中，有五位曾是中学语文教师：老钱和凌宇是中专语文老师，相当于高中语文教师；赵园、陈山和我都是普通中学语文教师。这也天然决定了我们会关注中学语文教育。

另外，我们进行中国现代文学研究，自然会受到鲁迅的影响。鲁迅十分关心青年，把青年看作国家和社会的未来。在关心青年方面，老钱表现得尤为明显。这点对我们也有影响。我们主张文学要参与到教育中去，而教育又关系到青年，关系到国家和社会的未来，所以我们愿意做一些事。

不过，总体而言，我现在比较悲观。新时期以来的中国教育，特别是中学语文教育，可圈可点的地方实在不多。相反，令人感到遗憾的地方却不少。例如，我们的教育政策总是改来改去，从教学内容、教学方式，到选拔制度、考试标准，都是动不动就改。不好的地方当然要改，但改得这么频繁就暴露出我们背后缺乏理论指导，仿佛教育实践不需要教育学理论的指导，或者说是与东西方几百年的近现代教育思想无关似的。教育是百年大计，不能像儿戏一样，尤其是不应当搞成一届又一届领导的政绩工程。一线教师经不起这么折腾，孩子们更经不起这么折腾。

温儒敏：中国人现在最关心的问题有三个——住房、医疗与教育。做中国现代文学研究的学者讲究家国情怀和社会担当，对于这些问题，我们自然都会关注。可是，在这三个领域中，大概也就只有教育，我们还能够发挥一点作用。因此，我们希望除做出专业上的成绩，还可以为社会做一些实实在在的事。这是我们三个人关注教育问题的共同出发点。当然，我们三个人介入教育问题的方式不太一样。比如，老钱有强烈的理想主义色彩，对现实的批判力度也很大；我则主张既要有理想的目标，也要充分考虑如何去操作，逐步去落实，要有必要的平衡。但我们的目的是一样的，那就是期待通过自己的努力可以培养新人、改造社会。

同时，除去学科传统的影响，北大本身具有的关注语文教育的传统也在熏陶着我们。例如，语言学的朱德熙先生，还有古代文学的冯钟芸先生，他们都有过从事中小学语文教育的经历，毕生都关心中小学教育问题。我认为高等教育与基础教育的良性互动也应当是北大传统的组成部分。只不过后来由于高等教育的学院化越来越严重，这一传统被人为切断了。我在北大成立语文教育研究所，在某种程度上就是想接续这一传统。

我们现在有一定的学术地位，不必像青年学者那样花费心思去考虑课题和职称，也就可以回馈社会，做一些更有公共性的事。1999 年 8 月，我担任北大中文系系主任，第一件事就是在北大召开语文特级教师会议，讨论北大介入基础教育的可能性。随后又主持成立语文教育研究所，希望敲敲边鼓，激励日益衰落的师范教育。当时的师范大学普遍忽视师范教育，都在追求往综合性大学的方向发展，这是有问题的。师范教育的质量直接关系到基础教育的质量，值得大力投入。既然国家有这方面的需要，我想那就不如由北大带个头，重视中小学语文教育。等到将来师范大学都重视了，北大也就可以"退出"。我们在北大推进语文教育的研究已经有十多年了，很有成效。我们既做基础教育的研究，又直接介入一线的"教改"，我在北大领衔承担了培训中小学语文教师的"国培"计划，迄今已培训过二十多万教师；我还主持《义务教育语文课程标准》的修订，带领中文系十多位教授参与编写"人教版"高中语文教材，主编多种大学语文和中小学课外读本；特别是近几年我又担任"部编版"中小学语文教材的总主编，经过艰难的评审和打磨，这套教材将在全国通用。这些都是实实在在的事情，有些还直接影响到教育部门的决策。有些具体工作，比如编教材，不像自己写文章那么自由，肯定会受到某些制约，但即使这样，也还是有许多改革的空间，可以把自己的某些教育理念和学术研究的成果加以转化。与其只是批评、抱怨，还不如自己动手去做。这些工作不只是满足社会的需求，也能给自己的学术研究带来活力，让我们这些在象牙塔里讨生活的学者，获得一般纯学术研究难以企及的充实感。

钱理群：我再补充两点。一是我认为文学价值的实现离不开教育，也就是说，文学必须在教育中实现自己的价值。不但文学对于教育来说有意义，教育对于文学而言同样有意义。比如，这些年我们普遍意识到新诗的发展出现了一些问题，遇到了某种危机。这里面当然有非常复杂的原因，但我想解决这一问题的出路之一大概就是让新诗走向教育。说得再通俗一点，就是让新诗到孩子们中去，到大学生中去，重新激发它的活力。前些年，我和洪子诚老师主编了一套《诗歌读本》，包括学前卷、小学卷、初中卷、高中卷、大学卷和老人儿童合卷。这一努力体现的就是我们的新诗观，甚至文学观。让新诗走向教育，恢复和发展中国的诗教传统，不仅是为了在教育中发挥新诗具有的启蒙与审美功用，同时也可以赋予新诗以新的创造性。

其实，关注、参与中小学语文教育，也是中国现代文学的一个传统。我曾写过《五四新文化运动与中小学国文教育改革》（载《中国现代文学研究丛刊》2003年第3期）一文，认为中小学语文教育改革本身就是五四文学革命的有机组成部分，白话文进入中小学语文教材就是文学革命最主要的成果与标志。胡适的《中学国文的教授》与周作人的《儿童的文学》都是语文教育理论的经典著作，现代文学的代表性作家叶圣陶、朱自清都是现代中小学语文教育最主要的开拓者。这些都绝非偶然。我从介入中小学语文教育开始，就有继承王瑶先生的导师朱自清的传统的自觉意识。

二是关注教育问题也与我个人的精神特质和个性有关。在课堂与写作、当教师与做学者之间，我更喜欢的还是课堂与当教师。事实上，我的课的确也比我的书更受欢迎。在我退休以前，北大中文系要给理工科的学生开设"大学国文"课程，就是我去主讲。结果一些理工科的学生听了我的课以后转到了中文系，或者在本科毕业后考了中文系的研究生。这是我自己很得意的事。记得我出版自己的第一本散文集时，想不出好的题目，就去请教陈平原。他脱口而出——"人之患"。这是《孟子》里的话，说的是"人之患在好为人师"。我后来的确就用了这个书名。"好为人师"，喜欢课堂，是我的特点。因此，关注教育也和我的个人性情相关。我曾经说过，我和中国的几代青年朋友都保持着血肉联系。这一联系的纽带就是教与学，以及在这一过程中的教学相长。

至于我对中小学语文教育的介入，也主要是想推动自下而上的民间教育改革。这和我努力推动民间学术是同一个思路。我始终坚持民间立场，所以我还关注了西部农村教育、打工子弟教育以及以打工者为主要对象的平民教育等。我的做法主要是通过和出版社合作，编辑、出版课外读物与民间读物。在这方面，我下了很大功夫，先后编有《新语文读本》《诗歌读本》《大夏书系·地域文化读本》《名家文学读本》与《平民教育人文读本》等。这些都产生了相当大的影响。与此同时，我还一直坚持对一线语文老师的关注与支持。

我曾经为十多位语文老师的书写过序，既为他们鼓与呼，也将他们的教育经验提升为新的语文教育思想。在我看来，这都是最基本的建设工作。

学术经验与学科关怀

李浴洋：刚才三位老师的谈话丰富而精彩，都围绕着中国现代文学研究的道路、方法与精神展开。三位老师同中有异，但也异中有同。下面我想再就一些具体问题，分别向三位老师请教。首先，钱老师，几乎从涉足中国现代文学研究开始，您就对文学史写作的方法论问题抱有浓厚兴趣，不仅提出了"文学史叙述学"，甚至不少思考还触及了历史哲学的范畴。在这方面，除去早年与黄子平、陈平原合作的《论"二十世纪中国文学"》外，您还先后结集出版了《返观与重构——文学史的研究与写作》与《中国现代文学史论》两部专书。在新近问世的《一路走来：钱理群自述》中，您也专辟一章，在理论层面上回顾与总结了自己的文学史研究。在同代学人中，您大概是对于"文学史"这一著述形式讨论最多的学者之一。而您的相关思考，也已经成为 20 世纪 80 年代以来中国现代文学学科重建过程中的重要资源。请问这一问题是如何进入您的视野并在您的文学史研究生涯中发挥主导作用的？

钱理群：每个学者对自己都应有一个清晰的定位，既是在学科中的定位，也是在学术史中的定位。找到自己的定位，是一个学者走向成功的关键。我在研究生毕业时，就对自己提出了一个定位，那就是要做一个文学史家。因为在客观上我涉猎的研究领域比较多，所以经常会有人问我如何界定自己的身份。我从来都说我是一个文学史家。这就是我的定位。对我而言，这是一种非常自觉的选择。直到现在，我关注的问题已经超出文学的界限了，但我仍然认为我主要是一个文学史家，这点没有变。

　　我的学术生涯是从研究鲁迅开始的，但我从来没想过只做一个研究鲁迅的专家。这是我从自身特点做出的判断。就学术研究来说，我有三个特点比较突出：一是我的兴趣比较广泛，知识结构比较完整，人生经历也比较丰富，可以同时思考与回应多个领域的问题；二是我有比较强的发现问题与提出问题的能力，有时对于发现问题与提出问题的兴趣甚至会超过解决问题本身；三是我喜欢从宏观上把握问题，有比较强的整合能力。这三点既是优点，也是缺点。我的学术总体来说，比较空疏，不够精细，这跟我更注重从大处着眼有关，但这三点决定了我最适合做一个具有前瞻性、综合性的文学史家。这是我对自己的清醒认识。因此，我从一开始就比较关注文学史的方法论与叙述学的问题。我所追求的不仅是在"写什么"方面跟别人不一样，在"怎么写"的层面上我同样也要有自己的突破。可以说，我的每一本书都在进行这样的努力。我的"处女作"《心灵的探寻》就在文学研究的历史哲学以及"典型现象"研究等方面有意做出一些不同寻常的设计。那是我学术研究的起点，也昭示了我后来的发展方向。此后，即便是从事一些具体课题的研究，背后往往也有我的大的思考。我希望自己的每一项研究都能找到最适合研究对象的研究方法，同时也都与自己此前的研究还有其他学者的研究不一样。

我的文学史研究，大概可以分为三个阶段。一是提出"二十世纪中国文学"的阶段，二是建立"《三十年》模式"的阶段，三是突破"《三十年》模式"的阶段。学术研究就是要不断建立新的模式，然后再不断突破这一模式。"《三十年》模式"是我们这一代人建立起来的，是一套非常稳固的文学史的等级秩序。对于文学史研究而言，当然需要一套秩序，这样具体的研究工作才能开展。但随着研究的深入，只有一套秩序作为参照是远远不够的，而且"《三十年》模式"存在一个根本性的缺陷，那就是高度的等级化。因此，当研究深化到一定程度的时候，这一等级秩序又会反过来成为束缚与障碍。我后来倡导写作"大文学史"，主编《编年史》，就是要突破这套秩序的限制。

不过，突破本身并不是目的，突破的目的在于重建，在一个更高的层面形成对中国现代文学的新认识。我准备在做完目前的工作后，再写一部新的文学史。这部文学史不同于《三十年》，也不同于《编年史》，它不再以时间为线索，而是通过具体的问题来搭建结构。在我看来，中国现代文学主要处理四大问题：一是如何对待传统文化、外来文化，也就是如何在与传统文化和外来文化的博弈中建立自己的文化模式。能否创造性地回答这一问题，关系到中国现代文学研究这一学科能否真正成立。二是如何以文学的方式回应晚清以来中国社会的巨大变动。在我看来，也就是都市文学与乡土文学的问题。二者是中国现代文学的两大支柱，最高的文学成就基本都集中在这两个领域。三是文学与战争的关系问题。四是文学语言与文学形式的变革问题。如果说中国现代文学为中国文学积累了什么独特的历史经验的话，那么主要便在这四个方面。因此，我的这部新的文学史也可以说是一本"中国现代文学经验史"。我具体的写作，会通过对作家、作品的讨论进行。换句话说，在"大文学史"的视野中观照过中国现代文学后，我要重新回到以作家、作品为中心的文学史写作模式上来。对思想、学术、文化与出版等方面的考察，不能取代作家、作品在文学史写作中的重要性。只有作家、作品才是文学研究的根本。

李浴洋：温老师，关于中国现代文学学科，您先后写过《谈谈困扰现代文学研究的几个问题》（载《文学评论》2007年第9期）与《现代文学研究的"边界"及"价值尺度"问题——对中国现代文学研究现状的梳理与思考》（载《华中师范大学学报：人文社会科学版》2011年第9期）两篇重要文章，做出了提纲挈领式的思考与分析。最近，您还提倡"文学生活"研究。在您看来，随着学科的逐渐成熟，诸如"汉学心态""思想史热""泛文化研究"以及对现代性的过度阐释等现象，现在是否得到改善？中国现代文学研究在当下究竟应当坚持怎样的价值尺度？

温儒敏：我的总体感觉是，学界在最近这些年对"汉学心态""思想史热""泛文化研究"与过度阐释现代性等现象，已经有所警惕。至少在面对这些潮流时，研究者普遍要冷静一些了。当然，我当年提出"汉学心态"这样的说法，从来没有否定海外汉学的价值。海外汉学对于国内学界的影响，有消极的方面，但也有非常正面的意义。我主要是针对国内学界本身的问题立论。比如，汉学作为海外学术——特别是已经比较发达的欧美学术——的一个分支，具有十分成熟的操作模式。也就是说，绝大多数汉学家思考问题与处理问题的方式，都有一套现成的路径可循。他们在理论上、方法上，甚至在具体的论文结构方式上，都有一些既有模式。而国内学界，尤其是年轻的研究者，如果没有足够的反思意识，很容易只学习他们的可操作性这一个方面。而事实上，在年轻一代中，这类过分强调可操作性的学术成果的确也占到了很大比例。做研究也好，写文章也罢，如果把关注的重点都放在如何"出活"、如何"过关"、如何"升等"上面，那么意思也就不大了。我把这类形式上很漂亮，但实际上没有太多内容的文章，称为"仿汉学"。

不过，我认为学界整体状况在好转，原因就是年轻的研究者总会成熟，当他们一而再，再而三地写那种操作性很强的文章，单纯在"出活""过关"与"升等"里打转一段时间后，他们自己也会感到厌倦，也会反思自己走过的道路。我主张包容地看待这个问题，因为任何学术工作都是从模仿开始的，模仿过后才是成熟。

价值尺度问题就指向评判标准，要解决这一问题必须克服虚无主义、相对主义。现在有所谓"多元共生"的说法，其实"多元"易，"共生"难。而且现在的"多元"在很多时候也并不是真的"多元"，而只是过去的标准被颠覆了，大家想怎么说就怎么说。我之所以强调价值尺度的问题，并不是希望抹杀不同的学术意见，重新搞个大一统。我说的"尺度"是"基本尺度"，是学界治学的基本共识。比如，研究文学史要坚持历史唯物主义，要力求历史的美学的统一等，都应当是相对的共识。你不提这个"主义"也不要紧，但总要尊重历史，不能以论代史吧？现在讨论问题总是缺乏基本共识，"公说公有理，婆说婆有理"，互相不听对方的意见。我注意到一个现象，很多论文在注释中喜欢引用原刊，而不引用相关的研究成果。引用原刊是必要的，第一手材料嘛，但当这个材料已经被其他论著多次使用，而且前人的研究成果已经非常出色时，你却视而不见，好像是"从头做起"，其实是在重复。"对话"是学术工作的方式，也是学术工作的部分目的。没有基本尺度，也就无法形成真正的对话。大家都是自说自话，久而久之，也就越来越封闭，变成一种没意思的"内循环"。

中国现当代文学学术生产已经泡沫化，套用一个时髦词，要"去产能"了。这个"产能"怎么"去"？先"去"那些陈陈相因的题目，多些贴近现实的思考。近年来，我在山东大学提出开展"文学生活"的研究，还和山大、北大的同人共同完成了国家社科基金重大项目"当前社会'文学生活'调查研究"，学界认为这一系列研究比较"接地气"，可能给学科带来生长点。所谓"文学生活"，是指普通民众与文学有关的那部分日常生活，涉及文学消费、传播、接受等活动，诸如读者群、畅销书、网络文学的生产与阅读等，都可纳入研究的视野。迄今为止的各种文学史，绝大多数就是作家、作品加上思潮、流派的历史，很少能看出各个时期普通读者的阅读、消费以及反应等状况。"文学生活"的提出，希望能为文学史写作开启新道路。这种新的文学史研究，将不再局限于作家与评论家、文学史家的"对话"，还会关注大量"匿名读者"的阅读行为，以及这些行为所流露出来的趣味、审美与判断；不但要写评论家的阐释史，还要写出隐藏的群体性的文学活动史。目前"文学生活"调查项目已经完成，接下来我们还要做"文学生活史"的研究。可做的题目很多，我希望有更多的青年学者关注和参与这方面的研究。不是说现代文学研究"人多地少"吗？踏出一步，可能就别有洞天。

李浴洋：吴老师，您早年在中国现代文学研究中做出的两大贡献，一是讽刺小说研究，一是海派文学研究。它们分属的文学类型与文学流派研究，都曾是现代文学研究中的主流范式，但这两种研究方式在当下被使用的频率已不是很高。在经历过数轮学术潮流的更替后，近年来部分学者开始呼吁重新激活一些传统的研究思路（如作家论）。那么在您看来，类型研究与流派研究是否还有潜力，还能为当下的文学史研究提供新的活力吗？同时，我注意到从您 2010 年出版的文集《多棱镜下》开始，您似乎有意尝试写作学术随笔与学术札记。2015 年问世的《石斋语痕》更是收录了您近年来在治史之余写作的六十篇关于中国现代文学研究的"书话"。每篇数千字，要言不烦，集中讨论一个具体的学术问题，而其中表达的锐意与新见不亚于专业论文。这是不是您的一种有意的追求与设计？

吴福辉：不可否认，作家论是文学史的基础，但文学史不等于作家论。以前我们经常讨论的一个问题是文学的最小单位是什么。马克思说资本主义社会的最小单位是商品，那么文学呢？后来经过讨论，我们倾向于认为文学的最小单位是文学现象。而文学现象又是什么？这就见仁见智了。其实，作家论也好，类型研究、流派研究也罢，反映的都是研究者对于文学单位的界定，也就是从哪里切入文学研究的问题。

我的整体判断是，对于中国现代文学的文体研究还需要进一步加强。文体作为一种文学单位，可能是比较合理的。早在 20 世纪80 年代，我们就在严家炎老师的主持下写作《二十世纪中国小说史》，但除陈平原的第一卷写了出来，后面的计划都夭折了。负责第二卷的是严家炎老师，据说他已经写出来了，但不满意，所以最终没拿出来。而当时之所以选择从文体的角度进行写作，与我们认为研究文学必须高度重视形式研究有关。在我们启动这一项目前，杨义已经出版了《中国现代小说史》，他的写法就是作家论。我们以为这样还不够，因为这样凸显的是小说家而不是小说。对小说进行研究，就必须从小说形式，也就是文体层面上展开。如果我们的这一项目当时能够完成，应当会对现代文学研究做出不小的推进。我直到现在仍旧认为文体研究是一个根本问题，值得认真对待。

我最近的确写了很多学术随笔与札记。在我看来，通向未来的文学史，不可能一蹴而就，我们首先需要做的工作是在细节上进行改进。我写作这些书话，一个一个地发现新问题，同时清理旧问题，目的就是为未来的文学史写作做准备。我最近对于不同时代的文学青年的阅读情况很感兴趣，已经陆续写成一些文章。因为我还没有形成对于 20 世纪的文学阅读的总体判断，所以不适宜写论文，但我感觉这方面的话题很可能会使我们对文学史的认识发生变化，就先在书话里面记录下自己的思考。文化是靠积累而发展的，研究文学史首先应该有积累之心，而不是热衷搭大架子、说大话。

对于年轻学者的嘱托与期待

李浴洋：想请教三位老师的最后一个问题是，对于中国现代文学这一学科的未来，还有致力于从事这一领域研究的青年学者，你们有何嘱托与期待？

吴福辉：我希望做中国现代文学研究的人都能真正热爱文学。我在做文学青年的文学阅读研究时，发现他们最大的特点就是热爱文学。我们那一代人里选择做文学研究的绝大多数是热爱文学的，但我感觉现在很多研究现代文学的青年学者其实并不热爱文学。如果说有什么嘱托，我想第一点就是希望大家能够真正热爱文学，把文学作为一生中最重要的一项内容，让生命附着在文学之上，也让文学附着在生命之上。我甚至以为，最后是否从事专业研究都不是最重要的问题，重要的是你的生命里有文学。

此外，便是希望年轻人不要太迎合潮流，一定要有定力。人弃我取，人取我弃，要有一点独立精神。在此基础上，再把青年敏感、新锐、热情洋溢的优长发挥出来。年轻一代学者做好了，学科自然就有希望。我期待这样的学者越来越多。当然，其实也不需要太多人从事这一行当，在十个研究生中最终有一个走上这条道路，也就可以了。

温儒敏：作为知识分子，当然要强调批判的眼光与立场，但批判的目的是什么？能抵达何处？也应当充分考虑。当下社会并不缺少批判的声音。你看无论什么事情，只要放到网上讨论，就会有一大群人出来质疑与批判，但你如果请他们拿出解决办法来，真正实实在在地做一两件事，他们就做不到了。批判性必须与建设性结合起来，才能真正具有力量。知识分子要有独立意志，但这不等于你说东，我就说西，也不是总把自己的观点绝对化，挤掉可能的回旋空间。我们应当追求的不是纸上谈兵，而是在现实中解决问题。这就是我在《论语文教育》一书中所说的，"我深感在中国喊喊口号或者写些痛快文章容易，要推进改革就比想象难得多，在教育领域哪怕是一寸的改革，往往都要付出巨大的代价。我们这些读书人受惠于社会，现在有些地位，有些发言权，更应当回馈社会。光是批评抱怨不行，还是要了解社会，多做建设性工作"。

现代文学研究还是寄希望于年轻的学者。我们当老师的责任就是让学生有出息，把少数有志于学术的学生推举出来。我不要求学生一定按照我的路数发展，我要做的就是激发他们对学术的兴趣，寻找各自适合的方法与路径。我上"中国现当代文学专题研究"和"中国现当代文学学科概要"两门课，后来都出了书。我上课很注重通过对重点作家、作品的分析，以点带面，将对文学现象的考察"带"出来，让学生在学习过程中也以点带面，学会从文学潮流发展变化的历史联系和特定的历史文化氛围中去讨论某一文学现象产生的缘由。而在方法论的背后，注重的是思维训练和人格的熏陶。我在北大任教三十年，近年又到山大任教，讲过十多轮基础课和多门选修课，培养过三十一名博士生和三十八名硕士生。在当今这个浮躁的时代，在论文、项目唱主角的风气中，我还是特别看重教学，认为这是本职，也是本义。我庆幸自己在教学方面没有偷懒。

钱理群：关于这个问题，我想从我如何培养研究生谈起。我一向非常重视中国现代文学研究中的史料工作，但我直接做的史料发掘并不是很多。不过，我在 20 世纪 90 年代主编过一套"中国沦陷区文学大系"，是现代文学学科当中比较重要的一项史料工作。当时为什么要做这套书？除去我的学术判断，还有一个很直接的原因，就是那时我直接或者间接地指导了不少研究生。我认为做现代文学研究，一定要从史料发掘入手。做这套书，其实是一种培养研究生的方式，让他们在这一过程中完成初步的学术训练。在我看来，亲自动手做过史料工作的学者和没做过的学者，做出来的研究是非常不一样的。好的研究是离不开史料工作的支撑与涵养的。

不过，史料工作尽管很重要，但还只是学术工作的基础环节。在发掘史料的基础上研究史料，经过分析、综合，形成自己的文学史观点，这才是学术工作的主体部分。比如吴晓东当时负责整理《中国沦陷区文学大系·诗歌卷》，他就从中注意到了吴兴华。现在研究吴兴华的学者已经比较多了，但现代文学研究界比较早关注吴兴华并且给予他文学史评价的，就是吴晓东。而他对于吴兴华的研究，也影响到他对于整个中国现代诗歌发展状况的判断。这样，单纯的史料工作就从他的手里转化成一种创造性的研究工作。现在回过头来看他后来的一些成果，很多都跟他当年的这一经历有关。这是我认为比较理想的一种培养研究生的模式。而我自己也是这么做的。

这就说到中国现代文学学科的一个现状。最近这些年来，很多学者致力于发掘史料，找到很多佚文，也编出了很多作家、学者的全集或文集。应当说，从占有史料的角度讲，现在的学术条件和学术环境是我们的前辈学者所不能比的。但当下的现代文学研究却又让人感到不满，因为尽管有很多新的史料"出土"，可它们并没有转化成学者的研究对象。我喜欢看学术期刊，也关注最新的研究成果，直到现在住进养老社区也依旧如此。我发现现在有大量的论文都是介绍新发掘出来的史料的，但介绍完了也就完了，论文的作者没有自己的问题意识。而最近这些年出版的作家全集或文集，也没有从根本上推进相关研究。比如王风编的《废名集》非常好，但从《废名集》出版到现在已经过去好几年了，除去在个别问题的研究上有所突破，废名研究在整体上的推进并不太大。这说明什么？说明学界没有充分利用这些新史料，只满足于把它们发掘出来，而不去加以认真研究。当然，如果从更深层次上说，那是因为很多学者的观念还是旧的，问题意识也没有更新，所以即便面对新的史料，也无法得出新的结论，形成新的见识。这无疑是很可惜的。

由于年龄的原因，我现在不能亲自做一线的史料工作了。因此，我转移了自己的工作重心，那就是努力研究学界发掘出来的新的史料。我现在的研究方法就是读全集，特别是新出版的各种作家、学者的全集。只要我研究一个对象，就首先把全集读一遍，把关于他的新史料读一遍。我发现这项工作做完以后，自己的很多看法都和以前不一样了。倘若大家都能好好研究这些新的史料，那么中国现代文学研究一定会向前推进。这也是王瑶、唐弢他们那一代传下来的现代文学研究的很好的传统，就是注意史料与史识的结合，两个方面缺一不可。

文学阅读的社会空间与当代精神发展的可能性
——与洪子诚先生对话

访谈人：洪子诚[1]、高远东[2]

"文学"在他那里，是"作为方法"的

高远东：我先介绍一下我们的两位嘉宾，钱理群老师和洪子诚老师。他们都是北京大学中文系的退休教授，也都是我的老师，两位都是有精神追求和精神品格的学者。我个人认为钱老师是一个积极浪漫主义者，洪老师是一个消极浪漫主义者，所以今天两位学者的对话可能是偏于理想主义的，是历史和现实之间的一场有精神内涵的对话。

洪子诚：对话的题目是高远东老师拟的，对钱老师来说正好合适，

---

[1] 洪子诚，北京大学中文系教授。

[2] 高远东，北京大学中文系教授。

这是他二三十年来思考、实践的核心问题。对我来说这个考题就有点难。我征得同意，就从个人化的方面，也就是和钱老师的关系谈起。首先要感谢这次活动的主办方。我跟钱老师虽然是朋友，但见面机会不多。还没退休的时候，他属现代文学教研室，我是当代文学，活动不在一块儿。退休以后他搬到昌平那边，见面就更难了。有时候跟他的学生姚丹他们说，想办法制造一些机会，让我们见面聊聊天。但是想不起什么由头。我和谢冕老师会有一些诗歌问题商议，而且他是美食家，我跟着他学习"食不厌精"，知道有好的菜馆，就会拿这个作为由头聚会。可是这个对钱理群完全失效。几次和他一起吃过饭，问他菜做得怎么样，他总是一脸茫然地说："今天吃的什么？"他是个纯粹精神性的人。我不一样，我会买菜做饭，从电视看球赛，会无所事事发呆。钱老师不会家务，不听音乐，不购物，也不看足球，每天睁开眼就开始思考思想和学术问题。所以今天要感谢主办方，距离上一次我跟他见面已经快一年了。这是第一点。

其次，我感兴趣的是，为什么把我们两个拉在一起？让我们对话的念头，其实十好几年前就有了。北大中文系的王风老师就提议过，后来也有另外的学生提出，但是都没有实现。我想，可能是我们有某些共同点，但是也有许多的差别吧。差别，才能激起进一步的思考，将问题引至深入。

举一个例子，我们都是以文学研究作为专业的，但是接近文学、想象文学的方式，在起点上就不大相同。读钱老师自传性质的书，知道"文革"期间，也就是20世纪70年代，他在贵州，和一些青年一起读鲁迅，从鲁迅寻找力量，寻找社会和精神的出路。"文学"

在他那里是向内的，也是向外的：既与个人生命史，也和社会、人类问题密切关联。不大确切地说，"文学"在他那里，是"作为方法"的。

70年代我也读书。不过不是读鲁迅，也不是"公共性"阅读，而是读托尔斯泰、契诃夫，尤其是契诃夫的剧本，还有屠格涅夫的《猎人笔记》《罗亭》、手边唯一一本纪德的书《地粮》、曹禺的剧本，以及我当时能看到的"黄皮书"。我曾花了不少时间读《聊斋志异》，惊叹的是那种简洁、传神的语言和叙述方式……相比起来，觉得我和钱理群是两种境界。他是从文学介入社会现实，我是借文学"逃避"。这让我想起上海吴亮说的，大意是说70年代的阅读，与其说是求知的饥渴，不如说是逃避的饥渴。"逃避"自然是消极的了，不过如果自我辩护，有时候逃避也还有一点点积极意义。逃避也是对另外一个世界，另外的语言方式、生活方式的想象、期待。我们不是经常把赫拉克利特的话挂在嘴边嘛，"上坡的路和下坡的路是同一条路"。但是，上坡的路跟下坡的路总归不是一条路。

刚才高远东说，钱理群是积极浪漫主义，我是消极浪漫主义。积极浪漫主义，就是堂吉诃德了，不仅"知其不可而为之"，而且坚持在晦暗中寻找、发现光亮，始终不懈奋斗、争取。钱老师有一本书叫《丰富的痛苦》，讨论堂吉诃德和哈姆雷特的"东移"。这个论题来自屠格涅夫19世纪末的一次演说。钱老师有哈姆雷特的成分，但是本质上属于堂吉诃德。毫无疑问，这是我们时代最可贵的品格。他既"撕裂美好憧憬所穿戴的面纱"，也顽强地从晦暗不明中发现希望和光亮。至于说到我是消极浪漫主义，这对也不对：

我确实比较消极，可是我一点也不浪漫。

知识分子介入现实的时候，
很容易归结为立场的表达和道德的宣泄

洪子诚：我要说的第三点，是我今天自拟的题目："我是如何成为钱理群的同时代人的？""同时代人"最近是个热门词，黄子平针对阿甘本的观点有深入精辟的论述。黄子平说，这个词起源于19世纪的俄国，那时俄国出现了一大批杰出的作家、艺术家，"同时代人"是经常使用的词汇。如果不把事情弄得太复杂的话，这里也可以用"同龄人"来取代，就是"我如何成为钱理群的同龄人"。

认识钱理群是1978年之后，那时我是教师，他则从贵州带着几十万字的鲁迅研究书稿，到北大报考王瑶先生的研究生。因为时代不断发生的断裂，也因为个人如果不依附某一代际群体就难以获得讲述历史的资格，所以代际划分在这几十年是流行的分析工具。在20世纪80年代以至90年代一段时间里，虽然没有明确的名目，但我跟钱老师显然分属不同的"代"。在思想和学术上，他属于年轻的、先锋探索的一代。当时这个"群体"（姑且这么说），北方有黄子平、陈平原、赵园、季红真、王富仁，南方有陈思和、王晓明、南帆、蔡翔、夏中义、吴亮……他们最初的学术成果，通过上海文艺出版社的"文艺探索书系"和浙江文艺出版社的"新人文丛"集结推出。"新人文丛"的"新人"，很切合他们当年的位置。

那个时候，我和与我相似的"一代"，是背负沉重的"十七年"

思想精神负累，虽勉力前行但步履蹒跚的中年人。这个定位，在我这里维持了很长时间。可是不知道为什么，到了 90 年代后期和 21 世纪初，突然感觉我和钱理群好像成为"同时代人"了。这个时候回去查查我们的出生年月，才发现都是 1939 年，他好像还比我大几个月——不折不扣的"同龄人"。

这个变化是怎么产生的？一般来说，时间拉长了，原先的差异有可能变得模糊。具体说来，从钱理群方面，是他也难以阻挡岁月的磨损，总有一天也不再年轻，慢慢就变得和我一样老……

钱理群：我没有中年，先是青年学者，后来就变成老教授。所以我在 20 世纪 80 年代的地位是相当尴尬的。一方面，我当时确实是"文革"后的 80 年代的研究生，似乎属于洪老师所说的所谓"先锋青年群体"；另一方面，也只是"似乎"而已，我更是 50 年代培养的大学生，我在骨子里和洪老师一样，"背负着沉重的'十七年'思想精神负累"，在某种程度上我是被自己的师弟们拖着走的。比如"二十世纪中国文学"概念的公开提出，就是子平、平原他们推动的。我虽然有这样的想法，但自己是不敢将其公之于众的，因为我对许多问题的看法，还是有些犹豫的，心是虚的，远没有他们两位坚定。后来王瑶先生提出批评，我很快就接受了。这样的犹豫、不坚定，其实是和洪老师接近的：我们才是真正的同代人，尽管个性有很大差异。

洪子诚：从我这面说，觉得自己还不是个不求上进的人，从 20世纪 80 年代到 90 年代还是努力做了很多功课，学习很多东西——

从前辈、同辈，也从钱理群他们的先锋青年群体。说老实话，我从他们那里可能比从同辈那学到更多东西。他们的许多著作我都认真读过，《艰难的选择》《论十小说家》《心灵的探寻》《沉思的老树的精灵》《丰富的痛苦》《先驱者的形象》《所罗门的瓶子》《一个理想主义者的精神漫游》《在东西方文化碰撞中》等。感觉在坚持原有的生活—文学经验和艺术感觉的基础上，我有重要的调整和吸纳。我从这个"群体"中辨认与我相同也不同的理念、感情状态和分析方法，他们的学术态度和精神风貌有一些方面留给我深刻的印象。

　　譬如，学术工作是跟生命，和历史的使命感相联系的。这自然是20世纪80年代不少学人的共同品格，我在一篇写乐黛云老师的文章里——这篇文章收在《我的阅读史》里——称她的学术是"有生命热度的学术"，也就是将自己的"故事"与时代的问题和痛苦交织，这和将研究作为一种外在于自己生命的职业是不同的。钱理群第一本书《心灵的探寻》的扉页上，有这样的手写体题词："向青年学生讲述我的鲁迅观，这是做了几十年的梦。现在使命已经完成，我应当自动隐去……"自然，他后来并没有"隐去"，而是锲而不舍更加积极地讲述。这种嵌入"时代"不仅体现在总体的态度和研究的选题，而且体现在具体的分析论述中，深化在语言方式的"肌理"层面。

　　还有一点是，他们与时代，与现实的关系，既是嵌入的，也是疏离的，也就是保持着一种审视、批判的距离，特别是针对权力、财富、时尚的迷信、崇拜上。几十年来潮起潮落，有时候且变幻莫测，但不认为都要做"弄潮儿"，有时候岸上的位置也是一种必要的选择。钱老师发挥王瑶先生的观点说，"知识分子"就是有知识，也是分子。"分子"意味着某种独立性，某种坚守，不是"精致"地看风使舵，趋炎附势。而且，"批判性"距离不仅针对外在现实，也面向自身。从钱老师80年代到今天的研究中可以看到，他一直在反省中，自觉地调整自己的观点、方法。

说到"知识分子"的"知识"，也就是专业水准。现在谈到介入、现实关怀等，很容易就被归结为立场表达和道德宣泄。这当然也重要，却相当忽略对从事专业的专注的强调。文学写作对语言、技艺的重视，学术研究的材料积累和不断探寻、辨识的专业精神，都是写作者和研究者"言说"世界的前提。没有这种执着的专业精神，空谈理想、道德用处是不大的。"技艺""专业水准"是一种自我的"权力制约"，这种"约束"很必要，能规范你的热情和工作方向，避免朝涣散和脆弱跌落。不过这种"约束"，并不是为了顺应"职场"需要的规则。我和钱老师一样，都经历过一个思想精神"化约"和"清理"的时代，如何从这里面挣脱，光靠热情和想象是不可能的。你读钱理群的书，听他讲述他的研究计划，就会特别感叹他在鲁迅，在当代问题的研究上下的功夫。几十年来对相关材料的搜集分析，积极寻找相应的理论工具，这方面他付出的精力确实让我感叹！他的经验是，立足于对所从事的专业的精深钻研，文学、学术研究对社会空间的开拓才有可能实现。

和这个相联系的是，如何建立独特的与历史的联系方式，也是钱老师他们提供的经验。记得王家新曾经引用法国当代诗人勒内·夏尔的话："我们只借用那些可以加倍归还的东西。"从历史上找到可以"加倍归还"的思想精神资源，在钱理群那里，就是鲁迅。他以鲁迅为核心自觉建立自己的精神家族谱系。有时候，我们可能会觉得钱老师讲鲁迅讲得有点多，但鲁迅在他那里不是现成药方。80年代的"钱理群鲁迅"和90年代与现在的"钱理群鲁迅"，既有一以贯之的线索，也有深刻的变化。面对历史现实问题，钱老师是在出色地"加倍归还"。

最后，我想引一段德国哲学家洛维特在他的《一九三三》这本书中的一段话，这段话也写在我的一篇短文《谈文学的焦虑症》里面。洛维特写到1919年他在大学课堂上听马克斯·韦伯题为《学术作为一种志业》的"极其震撼"的演讲，说"在我们这个已经除魅了的世界上，继续等待先知来告诉我们该怎么行动是没有用的，韦伯由此得到一个结论：我们应该动手去做我们的工作，'做好当前的要求'——当前的要求总是简单而平实的"。我想，钱老师的工作，也是在体现这样的人格，呼应这样的生活、工作方式。

"大家看见的钱理群是历史造成的这么一个钱理群"

钱理群：我第一次听洪老师这么谈我，非常感动。我听起来可能有一个更根本的内在意思，就是真正的以学术作为自己的本职，而这个学术是有一个精神性追求的。也许我表现得更外露，而洪老师表现更含蓄更内敛，表现形态不一样，但是都有对社会时代精神和自我生命的投入，忠实于学术，而且这个学术是和时代的精神、自我的精神以及自我的生命融为一体。

我也想了我和洪老师的关系，因为我猜想今天来的很多人可能是奔着我们俩的关系来的，所以好像不谈不行，但是我想换一个角度来说，谈谈我对朋友、知己者的选择。这其实是有两种类型的，一种类型就是我曾经说过的王富仁，虽然我们俩性格差别很大，但是我们有共同的信念、信仰、价值取向，都是所谓"鲁迅党"，所以有很多的"一致"，这样的知己者是同质性的。但是我更多的朋友属于另一种类型，即与我是异质性的，看起来很不一样，但是却有内在的相通。我经常说我的真正朋友不在北京，而在贵州。我在贵州有三个好朋友，说实在我跟这些朋友的关系比跟在北京的所有朋友的关系还要亲密。这三个朋友一个搞古典文学，一个研究古代汉语、现代汉语，一个是散文家、小说家和书法家，更重要的是我们之间的性格、兴趣差距很大。我曾经这样对比过我和他们的差别：他们三位内敛含蓄，我则激情外露；他们温良忠厚，我则咄咄逼人；他们谨言慎行，我则好事惹事；他们潇洒从容，我则峻急情迫。我与他们似乎是两个极端，本应无缘，却有大缘。我最为看重的朋友不是趋同型，而是差异型的。其实"异"只是表象，骨子里的"通"才是起决定作用的。这涉及人性的发展问题。我在一篇谈我和贵州三位朋友友谊的文章里面曾经讲过：人的内心世界比人们想象的要复杂丰富得多，充满着各种对立的矛盾、相反相成的因素，但主客观的种种原因，却使人只能将多种因素、多种可能性的某些方面加以发展，形成人们看到的此人的某种生命和性格的形态。大家看见的钱理群是历史造成的这么一个钱理群，但他心里清楚，自己内心的另一些因素实际上是被压抑的、未经发挥的，这形成某种遗憾。

而且因为是片面的发展，就必然有许多缺陷。我是一个追求生命全面释放发展的人，我对自己现在已成的生命形态和性格，以及学术形态是很不满意的，很想寻求某种突破。在这样的不满意和遗憾中，一旦遇到将自己未能发挥的另一面充分发挥出来的另一个人，就必然把这"另一个人"看成"另一个自己"，而且是自己渴望而不得的"自己"，就如获知音，钦慕不已，欣赏不已。在某种意义上，我和洪老师就是这样一种关系。我们差异很大，但是我们相互欣赏，因为他有很多东西是我本来想有却来不及发展、没有得到发展的，我也有一些他想发展，而种种原因没有得到发展的东西。

这背后是一个更深层次的问题：人应该怎样发展自己的性格和生命？是单方向、单面的发展，还是在相反相成中得到多面的发展？前者是一种现实的发展形态，而后者是一种理想的生命形态。一方面我们不得不面对现实：自己已经这样了，是一个有缺陷的人，有很多的遗憾。我经常说自己的生命与学术，只具有"有缺憾的价值"，我想洪老师也是这样。另一方面，像我这样的理想主义者，还总希望有，至少是向往有更全面、更合理的生命形态、学术形态。那怎么办呢？只有通过选择朋友来弥补，选择一个我想这么做没做到，他又做得很好的人，作为我的朋友，这样就可以达到生命和学术的互补。我想这大概就是我和洪老师的关系：我非常尊重他，欣赏他，打心底里羡慕他。他所写的文章和书，我知道的都找来读，每读到精彩处、会心处，就常常想：哎呀，这正是我想说的，我为什么写不出来呢？当然，也有怀疑、不能完全认同的地方，就像自己的文章也经常有犹豫、矛盾，相互掐架。但不管同意不同意，就是"欣赏"。而这样一种欣赏还不好当面说，说破了反而俗了，"心照不宣"就可以了。我觉得我们接触不多，跟这个有关系：内心的相互理解就是最根本的相互支持，这就够了。

我还要强调一点：这样的关系不仅存在于我和洪子诚老师之间。因此我要郑重地向诸位介绍我们北大中文系现当代文学的八位朋友：乐黛云、严家炎、谢冕、孙玉石、洪子诚、钱理群、温儒敏、陈平原。

洪子诚：还有更年轻的。

钱理群：对，今天到会的高远东，还有其他几位相对年轻的老师，也都如此。每个人都很强大，各自有极大的独立性，思维、性格、情感方式、治学方法和风格，都很不一样，人的个性和学术个性都非常鲜明，彼此也会有分歧，也存在潜在的竞争，但更多的，也是更根本的，是彼此的理解、支持、欣赏，甚至羡慕，这就形成了个体生命与学术生命的相互映照、制约，相互补充的良性互动。这样的教师生命形态和学术生态的平衡，是其他学校很少见的：很多学校的老师要么个性不鲜明，吸引不了学生；要么一人独大，压倒一切；要么几位强人之间彼此不相容。我们不是，我们差别很大，但彼此相容，而且关系都很好，鼓励自己的学生向其他老师学习。我就经常让我的研究生读洪老师和其他几位先生的书，我想洪老师也是如此。这是最容易出人才的：学生可以同时向学术个性不同，而又在各自领域里都做出出色成就的多位老师学习，做最广泛的吸取；最后学生又各有选择，根据自己的性格、趣味、追求，不同程度地团结在某个老师周围。比如洪老师周围有一群学生，我周围也有一群学生，但这些学生又不是互相排斥的，而是多有来往，同时游走于不同的老师之间。这也是一种既相异又相通的选择，由此形成的多元的个性化发展，相互补充、彼此宽容的生命境界和学术境界，是值得珍惜的。说老实话，在当下中国这样的情况太少了。所以尽管我对北大有很多的批评，但我内心跟北大有一种情感，这个情感不是建立在北大有什么特殊利益上，而是建立在这样相对理想的具体的生命形态、学术形态、教育形态上的。

我们需要像鲁迅那样有创造性的异端思维的人

钱理群： 最后一点时间，谈谈我来这里的第二个目的，就是与赶来参加这次对话的年轻朋友见面。我多次说过，尽管我一直对年轻人情有独钟，但心里明白，时代变化太快，自己已经不懂得当今的年轻人了。因此，我来这里是有点紧张和不安的，因为今天讨论的话题"文学阅读的社会空间与当代精神发展的可能性"是根据当下年轻人的问题提出的，而我对这些问题已经不熟悉、不了解了，也不可能再重新学习与思考。我的任务是完成和完善我自己，把自己关心的问题想清楚，而不是与时俱进，关注我思考范围之外的问题。因此，我今天只能向诸位汇报我现在思考的问题的一部分，当然不是全部，诸位不一定感兴趣，也不一定同意我的想法。我还是姑妄说之，诸位就姑妄听之。说说听听也有好处，就是了解对方：原来钱理群这个老头在想这些不着边际的事。

我现在住在养老院里的最大好处，就是与世隔绝，可以胡思乱想，老伴老说我整天在云里雾里，不知道在想什么东西。虽然我生活在云里雾里，但其实对现实是很关心的。我每天看四份报纸，经常阅读二三十本杂志，看了报纸杂志就会有很多想法。最近这段时间我关心的就是现在学术界正在讨论的"人工智能未来的发展"问题。上海的《探索与争鸣》杂志出了一期"人工智能与未来社会"专刊，我一边读，一边浮想联翩。特别其中有一篇北大哲学系何怀宏教授的文章给了我很大启发，今天就和大家分享我的有关思考。

大家都知道，在高科技时代，各种机器、设备在努力地模仿、学习乃至超越和取代人的各种功能，而且将来代替得会更多。有人因此预言机器人将要代替人，人工智能将取代人的智能。我并不同意"全面取代论"，但它确实提出了许多新的问题。可以毫不夸大地说，从现在开始，作为"人"，我们就要"准备迎接人工智能新时代的挑战"。在我看来，这样的挑战，主要有三个方面。

首先是要重新回到最基本的哲学问题、人文问题的讨论和研究上来，也就是何怀宏先生在他的文章里提出来的"何以为人？人将何为？"的问题："人"有没有"机器人"取代不了的东西，这个东西是什么？什么是人之为人的本质、本性，人性应该向哪个方向发展，人将在哪个方面作为？

过去有一个最简单的说法，就是人和机器人最大的区别是人有思维。但是现在的问题是人的许多思维机器人也能代替了。到底区别在哪里呢？这点我同意何怀宏先生的理解，人的思维不是一般的思维，而是一种"创造性的思维"，这和机器人的思维不一样。创造性的思维是什么？何怀宏先生用一句话来概括，叫作"不可复制，不可代替，不可计算"，即所谓"三不可"。我要强调两点：第一，它是异端思维，是和别人不一样的，是对一切公理、公意、共见、定论等提出质疑与挑战的另一种思维；第二，它同时是极富想象力的思维，能在别人觉得不是问题的地方发现问题，在别人认为不可能的地方想象、创造出可能性，是出乎意料，甚至是不可思议的思维，而且用和别人不同的语言表达出来。用我的话来说，"胡思乱想，胡说八道"才会有真正的创造性思维。人之为人，就是因为他有自己的思想。独立的思想，异端的、富有想象力的创造性的思维，还有人所特有的精神、情感、意志等，这都是机器人所不能取代的。

由此提出第二个问题，就是要按照这样的机器人不能取代的"人"的标准，来重新思考文学创作、学术、教育的问题：什么才是"人"的文学，"人"的学术，"人"的教育？由此而提出了什么新的要求、新的挑战？比如文学创作，现在机器人也能写诗，你怎样才能写出机器人写不出来的诗？写机器人能写的诗，就不叫"诗人"；能写机器人写不出来的诗，那才叫"诗人"。学术也一样，用机器可以做的学术不叫学术，真正的学者就是要做出机器人做不出来的学术。教育更是如此。何怀宏先生就谈到，过去我们的教育是"学以御物"，学习知识和技术，服务于"御物"，即满足人的物质需要的目的；现在就要"学以成人"，以使人成为人，获得人性的全面发展，特别是以满足人的精神和文化的需求为目的。何怀宏先生在他的文章里还引用了哈耶克的一段话，讲到有两种不同思维的学者，一种是"头脑清楚型"，计算、记忆能力都极强；还有一种"头脑迷糊型"，他的思路和表达都不大清晰，很多事都记不住——据说爱因斯坦很多公式都记不住，他演讲时要让学生把公式写出来——但是极富想象力，能在别人想不到的地方发现问题乃至作出重大的创造。过去我们认为教育的最高目的就是培养头脑清楚型的人才，现在看来，培养头脑迷糊型的也许是更重要的。因为头脑清楚的那些计算、记忆，机器可以代替，而人的迷糊思维中的胡思乱想、胡说八道，机器代替不了。

这个"何以为人，人将何为"的问题，在我看来，对在座的年轻朋友也是有意义的。你们作为大学生、研究生、读书爱好者，也面临着要以什么标准来要求自己，要在哪里下功夫的问题。比如，在研究生培养上，我们一直强调，学术研究要建立在扎实的史料基础上，这一点在任何时候都是一个基本要求，但是问题在于，史料的搜集、整理工作，机器人是可以代替的。这样，史料工作的重点就必然转向对史料的创造性分析上，这就要求在培养创造性思维上下功夫。此外，还有一个情感、意志、精神全面发展的问题。这两个方面的功夫下足了，才能应对在人工智能发达时代的文学、学术、教育发展的要求。

这个问题对我也很有意义。我之所以为此而浮想联翩，就是因为它也关系着我作为一个老年学者应如何要求自己的问题。我希望自己晚年的学术研究，能够真正成为"人"的学术，具有创造性，甚至某种开创性。我真的把"胡思乱想，胡说八道"作为理想的人生境界与学术境界，追求不止，死而后已。

要做到这一点，又有了第三个问题，也许是最重要的问题：为了达到这样的"创造人的文学、学术、教育，而不是机器人的文学、学术、教育"的目标，需要什么样的社会环境、创作环境、学术环境、教育环境？这个问题不解决，我前面所讲的一切都是空话。但今天不准备在这里讨论，希望大家严肃、认真地好好想想。

以上所说，年轻朋友们听起来，可能有些抽象，那么，下面我就来谈谈我所熟悉、大家也多少有些了解的鲁迅。机器人能够代替鲁迅吗？我想不能。鲁迅为什么是不可替代的？我们读鲁迅到底要学什么东西？我今年（2017年）出了两本书，一本是《鲁迅与当代中国》，讨论作为"思想家"的鲁迅，强调鲁迅是中国整个思想文化体系中的"另一种思想、另一种声音、另一种存在，也就是另一种可能性"。我们需要鲁迅，就是因为当今的中国，需要像鲁迅那样具有创造性的异端思维的人。我们今天讨论的这本北京出版社出版的新书《鲁迅作品细读》，讨论的是"文学家"的鲁迅。我还是要强调，我们读鲁迅的小说、散文、杂文，不是要去学具体的写作技巧，而是要注意他更为独特的、最具有创造性、非他莫属，同样是不可复制、不可模仿、不可代替的，甚至有点异端的艺术思维、美学观念以及文学语言。这里简单举几个例子。鲁迅有一篇杂文，前面都是描述马路上耍把戏的场景，我一边读一边想，这个场景确实描写得好，但这是鲁迅的作品吗？别的作家也可以写呀。用我们今天的话题说，机器人也可以写得这么细致、生动。但在文章结尾处，鲁迅突然来了一句：对不起，我把文章题目写错了。我这才赶紧去看文题，赫然写着"现代史"三个字！我这才明白，鲁迅写的是一篇现代寓言：整个中国现代史不过是一场"变戏法"。本来骗人的变戏法和庄严的现代史风马牛不相及，经过鲁迅的妙笔相连，就成了一篇奇文。这样"在最不相似处发现神似"的荒谬联想是机器人绝对做不到、写不出来的。再比如鲁迅有一个名篇叫《铸剑》，小说前半部都写复仇的故事，最高峰是三个头相搏，写得妙极了，有声有色。但我读到这里也产生疑问：这样的描写别的作家也做得到，这是不是鲁迅呢？果然，小说后半部突然陡转：复仇胜利了，三头相搏变成三头并葬，复仇者和被复仇者被放在一个棺材里招摇过市。这样的对"复仇之后的命运"的追问，绝对是鲁迅式的，别的作家写不出来，机器人更不要说。

再看鲁迅对自己作品的评价。大家都觉得，鲁迅最好的作品是《阿Q正传》《狂人日记》，这几乎成了公论、定论。但鲁迅却说，这几篇（还有《药》）锋芒毕露，不够从容，自己最好的小说是《孔乙己》。这里就有一个鲁迅独特的美学观念，可以称之为"从容美学"，这同时也是他对文学的理解：感情太激烈的时候是不能搞文学的，文学是很宽裕的条件下的一种产物。这样的文学观、美学观恐怕至今也还没有被读者，甚至被鲁迅研究专家所理解，是出乎大家意外的。

还有鲁迅的语言。鲁迅说："当我沉默着的时候，我觉得充实；我将开口，同时感到空虚。"人的内心深处一些真正深刻的东西，是语言难以表达的，这正是文学创作一个根本困境。鲁迅恰恰要挑战这个困境，用他的独特的语言创造来表达一般语言所不能表达的东西。因此，鲁迅的很多语言是反语法、反修辞的，看起来"不通"，这恰恰是鲁迅语言的创造性的表现，这样"不通"的语言机器人写不出来。比如大家熟悉的"（百草园）其中似乎确凿只有一些野草"这一句，把"似乎"和"确凿"这两个矛盾的词语并置，语文老师会说这是一个病句，但鲁迅恰恰是要借此来表达童年的自己和百草园之间的复杂感情、缠绕关系，也是非鲁迅写不出来的。

举这些例子，就是要回答我们今天讨论的问题：读书，比如读鲁迅作品，要"学什么"？就是要用心体味他的特殊的，不可替代、不可模仿的，非他莫属的创造性思维、创造性艺术构思、创造性语言表达方式。这样，对我们自己也成为机器人不能替代的具有创造性的人，就会产生潜移默化的影响：这就是"学以成人"。

我说的是精致的利己主义者，不是精致的个人主义者

高远东：如果说钱老师更像堂吉诃德的话，洪老师是有点像哈姆雷特的。

洪子诚：把我和这个形象联系在一起好像不大合适。不管莎士比亚原著中这个人物是什么样子，后来的解读已经赋予他哲学的内涵。我成为今天这个样子，优柔寡断、怯懦，很大原因是"天生"的。我20世纪60年代第一次上课的一个学生，现在的南通大学教授陈学勇，他很了解我，说我这样"不是处世，不是修养，不是道德，乃性格"。"性格"后面可能还得加上"弱点"。我其实很想坚强，当机立断，就是力不从心。

但是我同意钱老师说的，理想的人格、人的精神状态，还是丰富些。这包括宽容，对人性弱点的理解，对人的经验的重视。前面说的《一九三三》这本书，里面很有趣地比较德国人和意大利人，说意大利人从经验中认识自己，德国人则事先给自己准备一个"世

界观"；还说意大利人对个人自由和人性弱点有不可磨灭的了解和透彻体会，而这些却是德国人想要除去的。我不知道他的这个分析是否得当，不过，如洛维特说的，"僵硬，死咬着嘴唇，紧绷得像面具"，确实不像是有血肉的正常人……

钱理群：我经常对自己很不满意。我觉得我有三大弱点：第一，我说我是"无文化的学者"，我对古代文化、外国文化修养不足，这方面我觉得洪老师比我强。第二，我是"没趣味的文人"，琴棋书画一概不感兴趣，洪老师懂音乐，我就不懂。我是一个精神性的存在，我关心的只有精神问题，世俗的事情我一窍不通。这反过来影响我的学术，我不可能真正进入鲁迅、周作人的世界，因为鲁迅、周作人是有文化的学者，又是有情趣的文人。第三，大家可以看出我和洪老师的学术著作还是有很大差别的，学术个性很不一样，但是也有一些共同的追求，比如我们都希望把文学史写得更复杂一点，显示文学本身的复杂性和丰富性。我觉得这方面洪老师比我做得好，因为我这种性格实际上把所有问题都单纯化、理想化了，我这个人喜欢讨论、思考大问题，但同时也有一个大毛病，就是太喜欢用"大词"。这个其实是受马克思主义、毛泽东影响，有革命的影响在里面。赵园、黄子平他们批评我就是因为这个，他们更欣赏洪老师。

读者：钱老师有一句流传很广的话，就是现在体制培养的学生是一群精致的利己主义者。但我现在还是很困惑，因为在体制中如果想获得一些东西，就不可避免成为精致的利己主义者。

钱理群：这个话实在传得太厉害了，我把我的本意讲一点。大家注意，我说的是精致的利己主义者，不是精致的个人主义者——有意识地把个人主义和利己主义区别开来。在我看来，个人主义是需要的。维护个人的权利，满足个人的物质、精神要求，是有充分合理性的。这正是在座诸位比我们要强的地方，我们这一代太强调集体主义，无条件地牺牲自己，毫不利己专门利人。在这个方面，我们有很惨痛的教训，所以我对今天的青年追求物质生活和精神生活的发展是持支持同情态度的，我不反对个人主义。精致的利己主义者的问题是他把个人利益作为自己唯一的追求。我批评的是两个现象，一个我觉得现在很多人失去了信仰，唯一支持的东西就是个人利益，另外，我更重要的是批评这样的精致的利己主义者最懂得依附和利用权力达到个人利益，他最能够和这个体制适应，因此也得到体制的重用，实际上成为腐败的基础。

当然这涉及另外一个问题，就是理想和现实的关系问题。有一个前提——必须有一定的社会条件，社会条件不具备，我讲的那些都是不可能实现的。生活在现实生活中，不可能完全没有妥协，但我强调的是即使妥协也要有底线，我觉得精致的利己主义就超出了这个底线。

再把话题扯开一点，其实我在很多场合都讲过。我当年曾经收到一个大学生的信说，他现在遇到一个最大的困难，毕业的时候学校规定每个人必须对某件事表态，不表态就不能毕业，但是表态，就得说假话。他该怎么说？我经常收到这样的信，很为难，我当然可以简单回答：你绝对不能说违心的话。但这个学生如果真的这么做了，就毕业不了，饭都吃不上，而我还当我的教授，这是违背我的做人原则的。经过反复思考，我就作了这样的回答：第一要说真话，这本来就是一个常识性的东西，但是在我们的社会里，说真话就是很高的境界。如果说不了真话，就做第二个选择，即沉默不说话。但是有的时候沉默也被不允许，你必须说话，必须说假话，不说假话影响你基本生存，这个怎么办？我说你可以说假话，但是你必须有三个底线不能过：第一，你必须清楚，分清是非，说假话是不对的；第二，必须是被迫的，而不能为了自己的私利，主动说谎，那就和精致的利己主义者没有区别；第三，绝对不能伤害他人。生活在现实中有许多妥协，但是要把握底线，有些底线是不能过的。

孔夫子是当下最不幸的人，鲁迅反而是最幸的人

读者：不管从文学角度，还是从思想角度，怎么能够让中国人意识到有很多文化是要进步的？还有，广东有个女德班，让学生不断背诵《二十四孝》和《弟子规》，这个不知道您认同还是不认同？

钱理群：读《二十四孝》我是反对的，明确反对。现在要提倡国学，我是赞成的，因为时代不一样了，鲁迅那一代是古书读得太多，束缚了思想，所以必须不读古书，而我们是古书读得太少。但是我觉得可惜的是，在中国所有这些都变成演戏、玩游戏。今天的"国学热"中，真读真学的当然有，但在许多人那里，却成了演戏，成了时髦的游戏。我始终想不通，《论语》篇幅并不长，文字也不深，许多人就是不肯下功夫读原著，偏要去读于丹的东西，这真不可理解、不可思议。老老实实读《论语》，我是赞成的，而且是鼓励的。

　　我曾经提出一个观点：孔夫子是当下最不幸的人，鲁迅反而是最幸的人。因为当年鲁迅被捧得很高，这是鲁迅的大不幸，而今天人们对鲁迅的接受进入了正常状态：愿意读就读，不愿意读就不读。鲁迅的价值在那里，用不着宣传，总有人读，而且因为是自己要读，所以会真读，认真读。孔夫子不一样，今天的孔夫子变成赚钱的工具、政治的工具，大家都嚷嚷要继承孔夫子的传统，嚷嚷而已。其实还是鲁迅当年说的，不过把孔夫子当作"敲门砖"。自己要读、真读的并不多。我常想，孔夫子如果知道他在当今中国的命运，一定极其难过。

　　我觉得你作为老师，应该好好引导孩子读中国古典的东西，要读经典原著，而且是一字一句地认真读，这就会为他们一生的发展奠定一个好的基础。作为中国人是不能不读中国古代的书的，同时也要读中国现代的书、外国的书，这才能适应全球化时代未来发展的需要。

　　另外我已经不愿意谈中国教育了，我介入中国教育的时间很长，我觉得现在不是大有作为的时代，这个得看清楚，现在这样一个体制下，教育不可能大有作为，但是"小"有作为、"中"有作为是可能的。所以我跟很多老师讲，你在这个讲台上，尽可能按你的教育观念去做，当然这要受很多限制，我们把目标定得低一点，如果你在一届学生中影响了五个，你就是成功，你这一辈子如果影响了一百个学生，我觉得就是绝大的成功，而且像你这样的人不止一个。我觉得在当下中国，做教育第一要有鲁迅的韧性精神，不是一下子做到的，而是一点一点，影响一个算一个；第二要有智慧，怎么能够利用空隙，尽可能做些事情，能够对得起自己，对得起孩子就够了。

读者：现在大家都是不断批判政治对文学的影响，但是看茅盾文学奖那些作品，我发现其实真正能获奖或者说大家更喜欢的作品，反而和政治有挺大的联系。我想问一下老师，你们怎么看政治和文学的关系，以及纯文学是否真的能够达到繁荣发展的阶段？

洪子诚：按照我的观察、感受，现在人们不断批判的倒是"纯文学"，主张文学要介入现实是主流声音。对纯文学的批评，从21世纪初就开始了，纯文学在我们眼里，已经有点接近"不好"的，或"坏文学"了。我刚才讲到我跟钱老师的不同，他是不断扩大文学的边界，扩大文学存在的"社会空间"；在许多人眼里，我好像在徒劳地维护"文学"的脆弱的边界。对我来说，重要的是伟大文学、好的文学，和不大好的文学。当然，定义"伟大""好"也是个非常麻烦的事情。拿智利诗人聂鲁达说，我既喜欢他政治性很强的革命诗歌，也喜欢他的和政治没有什么关系的爱情诗。怎样界定"纯文学"或"不纯的文学"？如果从"题材"的性质说，鲁迅的杂文，《呐喊》是政治性很强的文学，那《野草》呢？《百草园和三味书屋》呢？茅盾的《子夜》，毫无疑问很有政治性，那沈从文的小说呢？契诃夫在他生活的那个时代，被认为是"无思想性"的作家，现在看还是这样吗？如果从社会效应的角度看，事情就更复杂。俄国诗人阿赫玛托娃的那些纯粹的爱情诗，在20世纪40年代就被苏联当局认为是政治性的反动作品。在精神情感被严重禁锢的时代，与政治无关的爱情作品，也可能蕴含着很大的"政治能量"。这个问题其实属于"老生常谈"，20世纪初马克思主义美学家普列汉诺夫在他的《艺术与社会生活》这本书里已经讲得很清楚。有时候，和"政治"保持一种距离，就是一种"政治性"。

钱理群：从总体来说，文学不能脱离政治，但是文学和政治可以有两种关系，一种很密切，一种就相对疏远。对政治也有各种理解，当下现实的政治，历史上的政治；统治者的政治，普通老百姓的政治；等等，其中可深究的问题很多。我要提醒的是，刚才那位读者问到关于精神发展的问题，我们现在有一个趋势、倾向，即把精神和政治等同，而这个政治又变成狭窄的、和权力政治连扎在一起的政治，我非常忧虑。必然有一些文学跟政治比较远——我觉得不能说纯文学，但是可以说跟政治距离比较远的文学。虽然我这个人政治性很强，但是我内心对这种和政治有距离的更注重人本身的精神和人性的文学非常欣赏，这点我跟洪老师接近。

我其实也有远离政治的一面，我对大自然更是情有独钟。我自命为"五四之子"，五四有几大发现，对人的发现，对妇女的发现、儿童的发现，还有对以农民为代表的底层人的发现，之外，就是对自然的发现。这深刻地影响到我，我喜欢旅游，喜欢摄影，就是和自然交往。在人面前，我常常，而且越来越感到紧张；在大自然面前，就感到特别自由、自适、自在。我在本质上更是一个"自然之子"。

高远东：我们今天这场聚会就到这了，非常感谢北京出版社、凤凰网、"单向空间"，没有他们就不会有我们这样一个非常有意思的聚会，谢谢洪老师，谢谢钱老师，谢谢大家。

有"声"的、有"人"的文学阅读与文学研究
——关于《中国现代文学新讲》

访谈人："理想国"团队

由"理想国"编辑出版的《中国现代文学新讲：以作家作品为中心》（九州出版社，2023 年版，以下简称《新讲》）是钱理群先生问世的第一百部著作。《新讲》不仅是一部对于钱先生的写作与学术生涯具有纪念意义的著作，更是这位资深的现代文学史家与文学教育家在 2020 年到 2022 年前后致力"和当代对话"的重要成果。因此，灌注了钱先生对于现代文学的最新认识和对于文学阅读、研究与教育的最新思考的《新讲》也就格外值得关注。在编辑过程中，"理想国"团队于 2022 年 10 月 8 日和 2023 年 4 月 14 日分别在北京与北戴河访问了钱先生。钱先生的答问既涉及《新讲》的写作与追求，也包含对于文学观与方法论的探索。现予整理，以飨读者。

"理想国"：您为什么要写《新讲》？

钱理群：这本书的题目《中国现代文学新讲：以作家作品为中心》就表明这本书的两大特点，也就是"我为什么要写这本书"的原因。

第一，这是钱理群"个人"编写的文学史，而不是大家已经熟知的"教科书"式的文学史，包括我和温儒敏、吴福辉合编的《中国现代文学三十年》。《中国现代文学三十年》是一部教材，这是大家（老师、同学）都要学习的文学史，它就必须有较大的包容性，应集中体现现代文学研究的主要成果。在这个意义上，它是集体的产物，不能有太强的编者个人的主体个性。我为什么还要以个人名义来写文学史？因为我喜欢文学，喜欢文学中的"人"，而且喜欢把我的生命投入进去，和文学中的历史和人进行生命的对话：这样的融入了自我的文学史，只有我自己来写。这是"我"所发现、感悟、认知的文学史，对于文学作品的选择、评价，对于文学史的历史梳理、评价，尽管也有客观标准，却有更大的个人性、主体性。

第二，这是"以作家作品为中心"的文学史。这也是基于我对文学史的一个基本认识：文学史的大厦，主要是靠作家，特别是大作家、经典作家支撑的，而作家的主要价值的体现，就是他的作品文本。离开了作家、作品这两个基本要素，就谈不上文学史。这本来是一个常识。现在的问题是，我们的文学阅读、文学史的学习，恰恰违背了常识。现在许多人学习文学史，完全是为了应付考试，因此只记教科书写的历史知识，完全不看原著。有的人对文学根本就没有兴趣，我们的文学史的学习、文学的阅读，没有了"文学味儿"。我这样的文学爱好者对这些现象，就有一种被"挖心掏肺"之感，从内心发出呼唤："回来吧，文学！"在我看来，教育没有了文学，人的生命没有了文学，就失了"魂"。这样的危机感促使我要写出一本真正有"文学味儿"的文学史。

这也就决定了我的这本书的读者。首先还是大学中文系的学生。我期待这本书有一天走进中文系的课堂，成为"另一种"教科书，或教学参考书。其次是中学语文教师。不仅是因为这本书选出的有些文学经典已经进入了中学语文教材，而且这本书也有助于中学教师自己，以及特别喜欢文学的中学生进入文学世界。除了以上两个群体，当然还有广大的文学爱好者。

"理想国"：那您期待读者如何使用这本《新讲》？

钱理群：我对读者如何读这本书，以及如何进入文学，特别是现当代文学也有三个建议和期待。

其一，我们讲"文学"，首先是讲文学本体，即文学形式与语言，因此要强调"文本细读"。我的所有的"导读"，就是引导大家，从每一篇作品的形式与语言入手，进入作品所提供的文学世界。我希望大家自觉地培养自己对文学形式和语言的感悟力、理解力与想象力。我特别重视文学作品的"朗读"，就是读，不要急于一下子就进入文本的"解读"，追问所谓"段落大意"或"主题"，而是通过朗读，从作品的声音、感情、韵味、气势中感悟文学的语言之美与精神魅力。这是我独特的上课方式。这本书就收录了我的部分朗读录音，就是一个试验：这是一部"有声的文学史"。

其二，对作家作品的关注，最后要落实到对"人"的关注。不仅是对作品描述的"人物"的关注，更是对"作家主体"的关注，而且还要有作为读者的"我"自己的生命的主体投入。这样文学阅读就应该是"作品人物—作家—读者"三者生命与精神融为一体。

这涉及我的文学史观。我在这本书的前言里说："现代文学史就是一部现代中国人的心灵史，是现代作家作为现代中国人、现代中国知识分子，对中国社会变革与转向作出内心反应和审美反应的历史。"因此，现代文学史本身，就有现代思想史和知识分子精神史的意义和价值。这也是其独特之处。我也因此自觉地从思想史和精神史的角度，来揭示作家作品里的艺术，探讨背后更深层次的意义。这可能最能显示这本新编现代文学史的个性：它是"现代文学史与现代思想史、精神史的融合"。

其三，现代文学的另一个突出特点，就是它的时代性。鲁迅所开创的现代文学的一个最重要的传统，是作家作品的创造都是对自己所处时代的重大问题的自觉回应。用我的话来说，现代作品里蕴含着丰厚的"20 世纪中国经验和中国教训"。如何科学地认识与把握"现代中国之谜"？现在这已经越来越成为全中国、全世界所关注的问题。阅读与研究现当代文学作品，特别是经典作品，是解读"中国之谜"的一个很好的切入口。这也就决定了我们在阅读、研究文学作品时"和当代对话"的意义和方法。我们读的是现代作品，但我们阅读的问题意识应当来自当代。

"理想国"：关于文学阅读与"和当代对话"的关系问题，能否请您再展开谈一下？

钱理群：本《新讲》的一大特点，即它写在 2020 年到 2022 年期间，也就打上了这一特殊时期的烙印。我这次为准备写文学史重读早已熟透了的作家作品，居然有一种第一次阅读、重新发现的感觉。这样的新鲜感，是我这样的文学史研究的"老手"很少有的，但仔细想想，这恰恰是阅读、学习经典作家作品的一大特点：它是"常读常新"的。经典作品本身是一个客体，一个永恒的存在，而读者、研究者对它的理解、解读，却是一个"不断接近，不断发现"的过程。对同一个作品，不同时间、不同环境下的阅读、研究，都会有重新发现的喜悦。这跟对风景区的游览、赏玩是一样的。

就以我 2021 年到 2022 年这一段时间的阅读与研究而言，今天的中国与世界正处于"社会和历史的大变动"中。如何在社会大变动中寻求稳定，重新发现日常生活、家庭生活、土地、大自然中的永恒因素并作为生命的皈依，即进行所谓"中国归根何处，世界归根何处，我们自己归根何处"的思考、探索与选择，都是 20 世纪40 年代中国作家同样面对、思考、探索和选择的问题。这样，我们在 2022 年阅读 40 年代的沈从文、老舍、冯至、萧红、张爱玲、废名、汪曾祺等人的作品，就突然有一种和他们面对面对话、讨论、争辩的感觉，而且是从未有过的亲近、自然、迫切，极具启发性。这样的远行已久的现代作家作品、思想艺术的"生命的复活""历史的当代化"，简直就是一个奇迹。通过阅读沉湎其中，不亦乐乎，不亦痛哉！我的这本《新讲》，最大的亮点就是对 40 年代文学的新发现、新解读，特向诸位郑重推荐——算是"毛遂自荐"吧。

"理想国"：如您所言，《新讲》的一大特别之处是将大量笔墨留给了 20 世纪 40 年代文学。从来没有一本"现代文学史"，是用超过一半的篇幅来讲俗称"第三个十年"这一时期的文学的。这无疑是您的一项创举。在这种"比例失衡"的做法背后，除了您刚才讲到的缘由，是否有其他对于 40 年代文学独特的判断与情怀？

钱理群：我确实倾心于 20 世纪 40 年代文学。这是基于我的两个文学史判断。中国现代文学史经历了 20 世纪 20 年代的五四开创期，30 年代的发展期，到 40 年代就趋于成熟，同时又有许多新的探索和试验，所以 40 年代是中国现代文学的收获期和高潮。而在整个 20 世纪中国文学史上，40 年代的现代文学与 80 年代的当代文学，又有一种内在联系。我举最突出的两个例子：一是汪曾祺，他起步于 40 年代，在 50 到 70 年代遭到压抑，到了 80 年代，又焕发巨大的文学创造力，成了影响最大的代表性作家；二是 40 年代集中在昆明、北平进行现代诗学新探索的一批诗人，在 80 年代，因出版《九叶集》引发巨大反响，直接影响了 80 年代现代诗写作。我因此断定，40 年代和 80 年代文学是 20 世纪现当代文学的两大高潮，而且具有内在联系。总结 20 世纪中国文学经验，就要从对这两个时代的文学创作的研究入手。

当然，我对 40 年代文学情有独钟，还因为我出生在那个年代，对 40 年代文学有一种不一样的文学与历史情结。我经常引述艾青在 40 年代写的一句诗来表达："为什么我的眼里常含泪水？因为我对这土地爱得深沉……"可以说，与"脚下的土地"的血肉联系，是我的生命与学术研究之根。

"理想国"：我们注意到，《新讲》作为一部具有"文学史"追求的著作，一方面介绍了大家熟知的"鲁郭茅巴老曹"等作家作品，另一方面也补充了许多大多数读者已经遗忘的作家作品。关于被遗忘的作家作品，您是出于怎样的考虑把他们写入《新讲》中的？

钱理群：我的《新讲》确实有许多自己的新开掘、新发现，这也是个人文学史的特点与优势，是长期从事文学史研究积累的结果。就40年代文学而言，我就发掘出了无名氏、李拓之这样的被遗忘了的作家；对端木蕻良、骆宾基、冯至这样的被估计不足的作家给予了更高的评价；对一些大家熟悉的作家，如巴金、萧红、张爱玲、艾青、赵树理，我也从新的角度给予富有创造性的分析与解释。能够有这样一些新发现、新阐释，一个基本原因，就是文学史观念、评价作家作品的标准的变化：不拘泥于"正确"与"错误"、"进步"与"反动"、"主流"与"非主流"的意识形态标准，而是认认真真、实事求是地从文学本身的意义与价值出发，并且特别重视文学的探索性与多样性。这样这些少数人具有前瞻性的文学试验，就被注意和发现了。当然，这里也有个人兴趣的因素，因此我强调这只是"我的发现"，换一个研究者，可能就会有另外的评价与处理。

"理想国"：这就说到您曾经提出，您的自我认定是一位"文学史家"，而不是专门从事某一文体或者某一作家研究的"专家"。请问您是如何走上这条"综合研究"的道路的？

　　钱理群：许多现代文学研究者都是研究某个作家（鲁迅、老舍、沈从文、曹禺等）的专家，或者研究某个文体（小说、诗歌、散文、戏剧等）的专家，而我是一个"杂家"，对各类文体的代表性作家作品都有兴趣，都能娓娓道来。这自然与我从小文学阅读比较广、比较杂有关。比如中学、大学时对我影响最大的三位作家鲁迅、艾青、曹禺，就分别涉及小说、诗歌、戏剧三个领域。这就决定了我最后走上"综合研究"之路，这样的综合能力是最适合做"文学史"的研究的。

　　"理想国"：说到诗歌，我们发现《中国现代文学三十年》中关于新诗的章节全部出自您的笔下；在《新讲》中，您也解读了大量诗人诗作；前些年您提出应当恢复与发展"诗教"传统。那在您看来，新诗应当如何走向教育，到孩子中去，到青年中去？

　　钱理群：我对这个问题很感兴趣。这关系到我对文体的一个基本认识：我认为最接近人的本性、天性的是诗歌，最能显示文学的本质的，也是诗歌。我很清楚地记得，当年我开始介入中小学语文教育改革时，就注意到一位深圳育才中学的老师，他在《人生抒情读本》里指出，几乎每一个民族的祖先，都不约而同地选择了诗歌作为最初的母语文学形式，人类的文学以诗歌开端，当然不是偶然。在 2005 年我与洪子诚老师合作编选《诗歌读本》时，我们提出的口号就是"让诗歌伴随你一生"。我们依据人类学关于"人的个体生命成长的历程，与人的群体生命发展历程具有同一性"的原理，按照人一生成长的不同阶段，作出不同的诗歌阅读设计，而且特别重视家庭诗歌教育的作用：这正是对中国诗教传统的自觉继承。

这里，有两个十分重要的文学阅读和阅读教育命题。

其一，我们在对现代文学作品的阅读与研究中有一个重要发现：艺术水平最高的作品往往是（当然不是"全部是"）带有抒情性的，或者说是具有某种诗性特征的。抒情诗的成就远超过叙事诗，自不待说。戏剧中的精品，像曹禺的《雷雨》《原野》《北京人》《家》，无不具有浓郁的诗意，《家》里的"新婚夜"，就是按诗剧的写法写的；郭沫若《屈原》里的《雷电颂》，径直就是一首长诗。散文中的名篇，从朱自清的《荷塘月色》，到沈从文的《湘行散记》，全都是"诗化散文"。小说里鲁迅的《故乡》《社戏》，郁达夫的《春风沉醉的晚上》，沈从文的《边城》，萧红的《呼兰河传》，冯至的《伍子胥》，孙犁的《荷花淀》，显然构成了"现代抒情小说"（或称"诗化小说"）的谱系。大家也不难注意到，我的这部《新讲》选的最多的，不仅是抒情诗，更有大量的抒情散文、抒情小说、抒情戏剧，就是要凸显中国现代文学的一个基本特性，即它的"抒情性（诗性）"。这当然和中国"古老的诗国"的传统直接相关。这里也可能有西方象征主义诗学的影响，是中国传统与外来文化精粹的汇合。我特别强调文学作品的朗读，其实也是因为这种文学里的抒情性，不是全靠意义分析，还要通过声音、节奏、感悟、直觉来把握。

其二，我这里讲的诗教传统，强调父母与子女共读文学作品，或许还有更大的意义，即如何构建理想的"家庭文化"。这个问题其实也是在特殊的背景下凸显出来的。大家大部分时间都在家中，人们就突然发现了"家庭"在个人、国家以至世界的地位与作用：家庭是个人生命之根，是社会、国家、世界发展的基础。家庭文化的营造、构建，不仅关系我们的童年，更关乎我们的一生。

正是意识到这一点，我还做了一件大事：和在养老院相识的著名儿童文学家王金波先生合作，编写了"金波著，钱理群点评本"系列，已经出版了一本《自然笔记》。编写这样的儿童文学作品点评本，不仅是圆了从小立下的"儿童文学梦"，更是要有意识地倡导"家庭阅读教育"，以作为学校教育的补充。坦白地说，这是隐含了我们对当下中国学校教育的某些隐忧的，学校教育我们管不了，就在家庭教育上做点有益的事。我们倡导父母与子女共读文学作品，是要尝试营造家庭阅读氛围，构造家庭文化，创造"精神家园"。简单地说，就是希望家长每周抽出固定时间，和孩子一起读一本书，逐渐成为习惯，长期坚持下去，从幼年、少年、青年，直到孩子长大成人。这样的习惯性阅读，就成了父母与子女之间进行精神交流的最佳时机。要一辈子都坚持这样的父母、子女之间平等、自由的精神交流，是极不容易的。我们知道，孩子到了高中阶段，要成为独立的成人时，往往有一种摆脱父母的内在要求，这就很容易造成子女和父母之间的隔阂、隔膜。这时候，如果家庭里已经形成了"共读"的习惯，就有了精神交流的最佳途径。"共读"就是构建"共同的精神家园"的过程，其意义不可小觑。

"理想国"：您在《新讲》中很形象地说，为了写这本书，您既要把自己"烧进去"，还要"跳出来"。那究竟是怎样个"烧法"，又是怎么个"跳法"？

钱理群：还是刚才说的，这本《新讲》写于特殊时期，我是带着现实中的感悟、问题去读文学史上的作品的，这就自然把自己"烧"进去了，但最后我又要写成自己的文学史，这就"跳"出来了。举一个例子，我在这期间读冯至 20 世纪 40 年代的作品。他经历了战争动乱，最后定居在昆明附近的一个小山村里，思考战争中暴露得最为尖锐的"动"与"乱"的关系，提出了在动荡中追求永恒，在不确定中追求确定的生命命题。他最后找到了"大自然"和"日常生活"，并因此写出了他的诗集《十四行集》和散文集《山水》。我读到这里心一动：这不正是我目前最感到困惑，并且苦苦追寻的吗？我又想：这样的 40 年代的冯至和 2021 年的我的精神共鸣，难道是偶然的吗？我们所面对的"动荡与永恒""不确定与确定"的关系，实际上是具有普遍意义，具有历史意义，甚至具有思想、哲学意义的。我这么想，就"跳"出来了，最后变成了文学史、思想史的写作。

"理想国"：您反复提到，动念写作《新讲》和最终完成都是在特殊时期。您认为在动荡的年代与个人生命的至暗时刻，文学阅读具有怎样不可替代的作用？

钱理群：这也是我一生的经验。我这一辈子，如一位朋友给我算的命，就是"有惊无险"。经历了一次又一次的动荡年代，以及无数次的个人生命的至暗时刻，我总是有惊无险地度过。这当然是由很多复杂原因造成的，但我有一个基本的应对方式，就是每当这个时刻，就关起门来读书。我在贵州安顺的朋友印象最深刻的，是我在"文革"中受过一次安顺全城十多万人的"大批斗"。同情我的学生事后去看我，发现我在闭门抄写鲁迅的著作。他们大吃一惊，也感动不已。这其实也是有一个阅读理论作为支撑的。我后来在《〈诗歌读本〉编写杂感》里有过这样的概括，这也是一位中学老师首先提出来的——我们生活在两个世界里，首先我们生活在现实世界里，生活在一个世俗化的世界里，生活在一个充满丑陋和污浊的世界里，但这绝不是生命的全部，我们还有心灵向往、追求的"另一个世界"。作为读书人，这个心灵的世界，往往就是"存在于书本里的世界"。这是我最喜欢说的：打开书本，我们就打破了时空的限制，和数十年、数百年、数千年之前，数百里、数千里之外的古人和今人，进行毫无拘束的交流，而且"招之即来"——打开书，人就来了，"挥之即去"——合上书，人就走了，何等自由自在！更重要的是，书里，特别是经典著作里，全都是民族、人类文明的结晶，人的知识、思想、精神的精华。阅读经典，我们就站到巨人的肩膀上，从历史的高度，看自己、看周围的人、看现实发生的一切，同时更进入历史的最深处，看自己、看周围的人、看现实发生的一切。看来看去，就一切都明白了，看透、看穿了，天大的事也不是事，天大的问题也不是问题，心就安了。于是就宁静下来，努力去把握生命中最有价值的东西，去探讨、追求生命的最终去处，自己也就获得"新生"了。2020—2022 年，大概是我自己，也是全中国、全世界所有的人都回避不了的历史大动荡，以及自我生命的至暗时刻，但恰恰也是我书读得最多、写书写得最勤的三年，也是收获最大的三年。其实，这也算不得什么，无非是尽读书人的本分而已。

"理想国"：您研究了一辈子文学，但其实您涉猎的学术领域非常广泛，甚至包括像"精神史"这样无法用现有学科定位的领域，不过文学研究确实是贯穿始终的。那么请问，文学对于您而言到底意味着什么？

钱理群：你的观察是对的，我的学术研究涉猎的范围，确实远不止文学。在我这里，文学阅读与研究和对政治、社会、历史的关注、观察、思考与研究，是融为一体、相互补充的。这可以说是一种人文学的研究，其观察、思考、研究的中心是"人"，但文学更偏重对人的"个体生命"的关注，更注意个人具有独特个性的情感、心理、思维、语言表达，特别注意历史与生活的细节。这也是文学特别吸引我之处。

精神史就是对人的思想、情感、心理、思维方式，人的精神世界的关注，但又不止于个人，而扩大到一个"时代"的精神的发展与演变。精神史的研究是和思想史、心理史的研究相互融合的。我热衷于精神史的研究，是基于中国面临"失精神"的危机，是和我对精神问题的兴趣与关注直接相关的，同时也是因为研究精神史，更容易融入我的主体精神，发挥起来更畅快，更过瘾。

最后我想说的是，《新讲》也写在我的老年阶段。我的养老人生有五大目标，即回归自然，回归童年，回归日常生活，回归家庭，回归内心。最终要使自己回归生命的本真状态，成为一个可爱、可笑的老头儿。这个目标正在努力实现中。

　　而提出并强调"回归自我"，是有针对性的。长期以来，我们的宣传与教育一直强调的是集体、国家、社会，而否定个体、自我生命的意义、价值与权利，即所谓为了一个崇高的目的，无条件地牺牲自己，"毫不利己，专门利人"。本来，人的本质就是动物性与社会性、个体性与群体性、利己与利他的统一。强调社会性、群体性、利他本身没有错，但发展到极端，否认人的生命本能，否认人的个体、人的"自我"，其结果就是把"人"改造成了"非人"，至少是"片面的人"。强调个体生命的意义，"回归自我"，就是强调恢复人的本性、个性，关注自我生命的意义、价值和权利。这也是文学阅读和研究可以带给我们的启示。

圆人生最后一个梦

——和金波先生的对话

从我的一个梦说起

1956 年，我 17 岁高中毕业时，在我所在的学校南京师范大学附属中学举办的"我长大了做什么"的演讲比赛上获得了第一名，我的讲题是"我的儿童文学家梦"。我从小就喜欢安徒生，还有 20 世纪 50 年代在中国最有名的苏联儿童文学家盖达尔，他的《铁木儿和他的伙伴》也让我入迷。我还写过一篇上万字的《论盖达尔的创作道路》，这也是我写的第一篇"学术论文"。我不仅读童话，自己也写。我至今还记得，每星期六的下午，我都和自己的好朋友到南京最有名的风景区玄武湖去，划船到荷塘深处，他画画，我写自己的童话，还写过一个电影剧本。因此，高中毕业我就决心要当儿童文学家。当时盛行一个观点：文学创作必须有生活。我就报考北京大学中文系新闻专业，希望大学毕业后到《中国少年报》当记者，全国各地跑，生活材料积累多了，就可以创作儿童文学作品了。

但到了北大，很快就发现，自己的兴趣在学术上，我真正的强项在理论概括力与想象力，喜欢对问题做判断、提升。我也因此往往忽略具体的细节，对生活细节的敏感度、感受力、记忆力和描述能力都比较差，而这正是文学创作的根本。我终于明白，自己不适合从事儿童文学创作，应该搞学术研究。我的儿童文学梦也因此而破灭、终止，以后阴差阳错，我还真的成了一个学者。

但我和儿童文学的缘分还在，主要是我一直保持一颗童心，越到老年越是如此。于是，又有了我的新的儿童文学梦。最近，我在整理旧书信时，发现我65岁，也就是十六年前写给一位安徒生童话研究者的一封信。信中对"儿童的发现对中国现代作家和现代文学史的意义，至今没有进入研究视野"感到遗憾，同时提到了我内心深处"研究儿童文学的冲动"，表示"这可能是我生命最后阶段所要做的事，是我的最后一个研究计划。这也是我的浪漫想象：在七八十岁时，通过儿童文学的研究，实现人生老年与童年的相遇，这是一件真正具有诗意的事情"。

现在十六年过去了，我真的成了81岁的老人。可是由于自己的注意力一直集中在现当代思想史、知识分子精神史的研究上，实在无暇顾及其他，这个"儿童文学研究梦"就被搁置了。其实，我在20世纪八九十年代就在做准备，买了不少儿童文学作品，准备写一部《现当代中国儿童文学发展史》，事情一忙，就放下了，甚至逐渐淡忘了。

万万没有想到，我在养老院里与著名儿童文学家金波先生相遇了，并且有了逐渐深入的交往。特别是应金波先生之邀，为他的儿童文学创作写"点评"。仔细拜读他的作品之后，我竟然被迷住了。本来，当学术研究成为职业以后，人就有些麻木，不容易产生冲动，但这回，我完全沉浸其中，思绪绵绵，许多早已淡忘的关于儿童文学，关于儿童教育的思想全都奔涌而出，我自自然然地就进入了研究状态。我对自己说，真遇到知音了。这就是"我与儿童文学"在17岁、65岁和81岁的三次相遇，并且有了这一次"王金波写，钱理群评"的合作，以及今天的对话。

以上，就算是一个开场白吧。

我们共同的焦虑

为这次对话，我认真读了金波先生的一些著作，不仅是他的创作，也包括关于儿童文学、儿童教育的论述。让我最感触目惊心的，是2005年他在和一位记者的交谈中说到，有人主张要对孩子进行"狼性教育"。据说，孩子总要长大，与其让他们沉浸在虚幻的儿童世界，不如让他们尽快认同成人世界的价值观，成人世界是一个竞争的世界，是一个残酷的世界，要对孩子进行狼性教育。我真的惊呆了，因为这样的狼性教育正是我们一直在批判的应试教育的极端表现。无情的现实是，不管我们怎样质疑，应试教育就是管用，事实上在支配着中国的教育，不仅得到许多领导、教师的青睐，更得到许多家长和孩子的认同。最根本的原因，就是它背后弱肉强食的价值观、世界观，事实上在支配着中国成年人的思想与行动，自然也就要影响、支配我们的教育，包括儿童教育，所以儿童教育最后必然发展为狼性教育。我们的反思，讨论，就从这里开始吧。

先说主张狼性教育的理由："与其让孩子沉浸在虚幻的儿童世界，不如让他们尽快认同成年人的价值观。"且不论其所鼓吹的成人价值观本身的问题，单就否定儿童世界的意义，急于用成人世界取代，就会造成极大危害，犯"颠倒人生季节"的错误。"人生季节"的问题，最早是周作人提出的。他说，人的生命就像大自然的四季：小学和中学是人生的春天，大学是盛夏，大学毕业后到中年就是人生的秋天，到老年就到了冬天。人生季节和大自然一样，春天该做春天的事，夏天该做夏天的事。我们讲"儿童文学就是春天的文学"，金波先生的文字就充满了春天的气息，我注意到一位评论者说"金波先生是很绿的"，绿色就是春天的颜色，因此，他的作品的最大价值就是帮助儿童在"春天的成长"。自然季节不能颠倒，人生季节更不能颠倒。现在的问题恰恰是人生季节的颠倒：让孩子去想成年人的问题，去做成年人的事，过早地学会成年人的思维和行为，而且是最坏的思维与行为。所谓"少年老成"，其实就是一位中学老师所说的"如今少年已成精"。如今的孩子老到、精明、滑头，见人说人话，见鬼说鬼话，让我目瞪口呆。我所说的"精致的利己主义者"就是中学老师最早提出来的。

强调"人生不能颠倒"的，还有俄国文学评论家别林斯基。他说，人生应分为三个阶段：小学、中学，甚至大学，应该是"做梦的人生"，唯一的任务就是"做梦"，在理想的、快乐的世界自由自在地驰骋；走出校门，进入社会，就会产生梦的破灭，于是就有了对理想与现实关系的调整，这是一个痛苦的，却必须经历的人生过程；

到了晚年，就应该重新做梦，在更高层面上做梦。我和金波先生大概都经历过这三个阶段，我们今天在这里大谈儿童阶段的梦幻人生，本身就是在做梦。而我们今天的孩子，就没有这样完整体验人生的幸运，他们从小就被剥夺了做梦的权利。一个没有梦的童年是可悲的，一辈子没有做过梦的人生更是可怕的。

这就说到了一个根本的问题：我们的教育剥夺了孩子"成长的权利"。我们不承认中小学生是独立的生命，是完全的个人，有他自己内外两面的生活，有不同于成年人的生命成长过程中的问题，有独立成长的权利。我曾在一篇题为《我理想中的中小学教育和中小学教师》的演讲里谈到今天的中小学教育，至少在相当程度上剥夺了孩子的三大权利：一是好奇、探索、发现的权利；二是自由的时间和空间，即自由地支配自己生活、生命的权利；三是欢乐的权利，尽兴、尽情地"玩"的权利。这就从根本上扼杀了孩子的天性，本性。我特地用了"扼杀"这个重词，绝非文学的夸张，而是无情的现实。我在演说中特地谈到"这些年中学生、大学生、研究生自杀的恶性事件越来越多，小学生自杀的事情也屡屡发生"，已经成了重大的不能回避的社会问题。作进一步的追问，就发现在一些青少年中"活着的理由成了问题"。我分析说，且不讲大的人生目标，通常让人活下去的理由有两条：因为有人（父母、兄弟姐妹、朋友、老师）爱我，因为我感觉到生活的快乐。无情的现实恰恰是，生活中"爱"的缺失——且不说农村的留守儿童，就是城里的父母也是整天忙着督促孩子应试，严厉有余而温情严重不足。在这样的严酷教育下，孩子也就不能充分感受到生命的快乐，甚至有些孩子从来就没有感受过生命的快乐，那"活着的理由"就不充分了。弥漫在相当部分孩子身上的厌生厌世的消极情绪正在敲起警钟。我在演说最后发出了"保卫童年"的呼唤，金波先生在他的文章里也提出，要"把真正的童年还给孩子"。这或许是我们在这里对话最想说的话。

接下来的问题，是我们能做什么。

呼唤"儿童文学新启蒙"

这是金波先生在他的文章里提出的一个意义重大，也很有意思的命题。有两层意思：一是今天需要对儿童、青少年进行"新启蒙"，把他们从应试教育、狼性教育造成的"蒙昧"状态中解救出来——这个问题，我们将在下面展开，详尽讨论。这样的"新启蒙"，当然主要依靠学校教育，在我们的理解里，这也是今天的教育改革所要完成的历史使命。事实上许多处于教育第一线的有理想的学校领导和老师也在做这样的新启蒙教育，并且取得了一定成效。我最近出了一本名为《写在中小学教育的边缘》的专著，就记录了分散在全国各地，从大中城市到农村、边远地区的十五六位老师的新启蒙教育实验。在我看来，中国中小学教育的希望正在这些坚守在第一线的老师身上。

我们所能做的，是站在民间立场上的辅助性的工作，这就是金波先生所说的，通过"儿童文学的写作与阅读"聊助一臂之力。金波先生在他的一篇文章里特意谈到，儿童文学启蒙可以在五个方面影响儿童的一生，即帮助孩子：一，"认识自我，自然，社会"；二，"理解真、善、美，丰富情感、道德"；三，"激发好奇心，直觉，想象";四,"学习母语";五,"培养阅读兴趣,养成阅读习惯"。这五个方面都很关键,我们在下面会一一展开讨论。

我们实际是想在自上而下的学校新启蒙教育之外,再推动一个自下而上的民间新启蒙教育,因此,期待有更多的群体参与这样的儿童文学作品创作与阅读。具体地说,有三个方面的设想,也就是我们合作的"王金波写,钱理群评"的儿童读物的一个总体设计。

我们确定这本书的读者对象,不仅是儿童读者,还包括他们的家长。这背后有一个教育理念,就是金波先生和我这些年都在提倡的"亲子共读"的"诗教"。如金波先生所说,这样的诗教包括两个方面:诗的教育与家庭教育。这种诗教也是对家庭文化的新构建,把诗教、亲子共读作为"维系家庭亲情关系的一种方式"。

我曾编过六卷本的《诗歌读本》,写有长篇总序,强调诗与童心的内在契合,提倡家庭诗教、社会诗教、学校诗教的合一。这一理念也可以扩大到整个阅读,倡导家庭阅读、社会阅读和学校阅读的合一。我们强调家庭诗教(阅读)要以不同方式贯穿孩子的一生,因此,我们提出"让诗歌(阅读)伴随你一生"的教育命题,家庭、人生命题。我们的理论依据,是"人类个体发生和系统发生的程序相同,儿童时代要经过文明发展的全过程"的人类学原理,强调孩子在一生成长的不同时期有不同的生命、精神追求,家庭诗教(阅读)也有不同方式、不同要求。我们设计分为四个阶段:第一,学前阶段,由父母给幼童吟诵诗歌,陪伴孩子在又吟又唱又跳的游戏中读儿歌。第二,小学、部分初中阶段,由家长和儿童一起读诗文,家长给予适当讲解。第三,初中、高中阶段,以已经进入少年和青年生命期的儿女自主阅读为主，家长自己要同步阅读，并和儿女一起讨论。这一时期儿女处于青春叛逆期，与父母交流有很多障碍，一起阅读、讨论文学作品，是最容易实现沟通的。第四，是老人（祖父、祖母）和第三代一起读诗，可以以读中国古诗词为主，既是彼此的精神需要，也是沟通祖孙辈的最佳方式。这样，诗教、家庭阅读就真的伴随孩子一生的健康成长，伴随家庭几辈人的健全发展。我认为，今天提倡这样的家庭阅读，或许有很大的迫切性。因为，家庭的接触会愈来愈多，如何沟通家庭三代人的精神与感情，已经成为家庭和社会生活的一大问题。因此我郑重建议，家长们不管多忙，也要抽出时间，一个星期和孩子共同阅读一两个小时，慢慢形成习惯以至传统——新的家庭文化传统。确如金波先生所说，这对维系家庭的亲情关系，促进家庭的和睦和谐，作用是巨大而有效的。

这本书的预期读者也包括学校里的老师。这就是金波先生说的，"做孩子的老师，也要做孩子的学生"。今天的老师的问题也在于童心的丧失，因此也需要唤回孩子般的新鲜感、想象力、对美的探究与表达的愿望。金波先生讲得很好，我就不多说了。

想多说几句的，是出版社在民间启蒙阅读教育中可以发挥的作用。我注意到金波先生与好多出版社都有密切的合作，也主持了不少儿童书籍出版工程，我自己也在这方面做了一些自觉的尝试，在课外阅读方面作了许多努力。其中最成功的有三次：2001 年和广西教育出版社合作编写《新语文读本》；2010 年与浙江少儿出版社合作，主编《名家文学读本》；今年（2020 年）又担任了浙江少儿出版社编选的《跟着名家学语文》的主编，金波先生就是我们重点推出的"名家"之一。我可以说前后二十年自己始终坚持通过编写、出版课外读物，进行民间启蒙阅读教育实验，在中小学语文界产生了持续的影响。这是我最感欣慰的，我也由此总结经验，提出出版社在这样的民间启蒙阅读教育中"应该担负组织者的作用"，即利用自己的出版实力，在社会和读书界的影响，将有编写课外读物的积极性，又分散在全国各地的作者，集中起来进行某一项重大编写课题实验。这就在由国家资金资助，进行国家课题的学术、出版组织模式外，开辟了一条发展民间学术、阅读的新途径。对出版社自身而言，形成这样的"学术研究、课外读物编写—出版—发行"一条龙的模式，就可以由被动接受稿件变成主动组织稿源，使出版"精品"的目标有了切实的保证。在我看来，我们这一套书的编写，和这次访谈，都是这方面的自觉尝试，是值得提倡的。

下面，我们要进入真正的、实质性的讨论。

我们的基本儿童文学观、儿童教育观，我们所理解与倡导的"儿童文学阅读新启蒙"

保护儿童天性，把孩子的天性发展为"人的自觉"。

这可能是金波先生和我的儿童文学观、儿童教育观的核心与本质。这里有两层意思：要"保护儿童天性"，这自然是针对前面谈到的"在应试教育、狼性教育下儿童天性的丧失"，这也是我们要进行的启蒙教育的前提。但这还不够，要把本能、天性提升到自觉，"从自然人变成文化人，由自在的人变成自为的人"。

这大概有四个方面。

第一，和大自然融为一体的天性。儿童与大自然，人与大自然，这都是大文章。我注意到这也是金波先生的儿童文学创作最重要的、最基本的核心母题。可以说一写到儿童与大自然，他就会动真情，笔下也就生辉了。金波先生在《自然笔记》的序里特意谈到孩子对大自然那一份独特的感受和趣味。大自然对于他们来说，就是无边无际的游戏场，面对大自然的万千生命，孩子的心胸最包容，态度最平等。他们以真诚结交朋友，有好奇的探究、新鲜的发现，还有内心的敬畏。而大自然里的色彩、声音和万千物种，还有大自然的美，永远会让孩子陶醉其间，并萌生新的渴望。所有这些包容、平等、真诚、好奇、发现、敬畏，都是今天成年人与大自然相处时所稀缺的。经历了这一次罕见的全球范围的病疫灾难，人与自然的关系正是所有国家、民族所要面对的全球性课题。在这样的时刻，我们真的要回到童年，和孩子一起，按人的天性与大自然交往。

金波先生的《自然笔记》还重提孔子在《论语》里说的"多识于鸟兽草木之名"，更是意味深长。"多识于鸟兽草木之名"正是中国传统文化、传统文学、传统教育的根底。因此，我们今天回到大自然中来，也是对传统文化、文学、教育的回归。

不过，我想强调的是另一面。这就是我在《〈新语文读本〉编写手记》里强调的，我们、孩子生活在大自然里，但这大自然的美，是需要人用自己的感官、自己的心去发现的。于是就提出了一个重要的教育课题："会看的眼睛、审美的眼睛，会听的耳朵、审美的耳朵，是需要培育、训练的。"于是就有了中小学文学教育、艺术教育必须担负的任务："开发学生的感官，即他们的视觉、听觉、味觉、嗅觉与触觉，特别是视觉与听觉。"简单说就是培育"会看的眼睛，会听的耳朵"。

从这一角度读金波先生的儿童文学创作，我真是惊喜不已。在我看来，金波先生所写的是真正的"大自然的文学"，引导孩子去拥抱大自然，感受大自然，发现大自然的美。我特别感兴趣的，是他的三个大组合，对此我都写了专门的点评。首先是关于如何观察、感受、发现、欣赏、表述"树之美"，光看题目——《树的名字》《雨后的大森林》《爷爷种下的一棵树》《河边有了树》《树和船》《桦树皮信》《那里的每一棵树》《深秋的树林》《树的思念》，就够迷人了。还有如何观察、感受、发现、欣赏、表述"雨之美"，看看他都写了什么——《小雨的悄悄话》《听雨》《雨天的发现》《雨夜的遐想》《雨没有停》《雨天的好心情》……读着读着，不知不觉间，你就有了会看雨的眼睛、会听雨的耳朵、会想象雨的脑子了。还有呢，如何观察、感受、发现、欣赏、表达"虫之美"，单是这些昆虫的名字——金铃子、冬蝈蝈、伏凉儿、豆娘、老鸹虫、金龟子、屎壳郎、蝲蝲蛄、花蹦蹦、书虱、蚁狮、跟头虫、磕头虫……就把你镇住了。你是不是也迫不及待地要像金波爷爷那样，重去蹚蹚草地，惊起一片昆虫的飞翔、蹦跳，然后再去捕捉它们，作为"可以嬉戏的朋友"，痛痛快快地"玩一玩"？应该说，无论树、雨，还是虫子，都是身边的大自然，大家却都不注意。我们，可能还有我们的孩子的触觉、听觉、视觉都麻木了。现在就是要把它们重新唤起，并提升为审美的眼光、听力、感受力、想象力、表述力，我们还要有不断发现、重新发现大自然之美，进而发现生命之美的自觉与能力。这也是金波先生的自觉追求，在他看来，这是世界文学，包括儿童文学里的"大自然的文学"的一个传统。他专门提到了梭罗强调"黎明的感觉"——我由此想到，我的老师林庚也是一直强调"用婴儿的眼睛去重新发现世界"，还有俄国的普里什文"把大自然与艺术，哲学，人生融为一体"，日本的东山魁夷"面对大自然，发现生命的意义"，这都道出了文学、儿童文学、儿童教育的真谛。

第二，爱（真、善、美）的天性的保护和提升。

"爱"是人从幼年到老年的人生主题，也是文学（包括儿童文学）的永恒主题，"爱"更是教育的根本，但也正是"爱"在我们的现实教育与社会里被扭曲得最厉害，需要重新维护。

首先要维护天性的爱。鲁迅说，所谓"天性的爱"是"离绝了交换关系利害关系的爱"。因此，他强调"父子之间没有什么恩"，人与人之间、社会与人之间，也都没有"恩"。而我们现在进行的恰恰是"感恩、报恩教育"，要求孩子"感恩父母"，就在父母子女之间强加了权力关系：父母养育了孩子，就有权力支配孩子的一切，子女必须无条件地依附于父母。由此形成的是"长者本位"意识与社会、教育体制。而鲁迅等先驱正是要强调建立在天然血缘关系上的父母对子女、子女对父母的"绝对的，无条件的爱"，而且以此作为"人"的底线，同时也必须坚持"幼者本位"。

但我们也不能停留在这"天性的爱"上。按照弗罗姆《爱的艺术》的观点，爱有一个从初级阶段向高级、成熟阶段发展的过程。大体可以说，幼儿、初小时段是爱的初级阶段。它的特点是以儿童自我为中心，儿童被无条件地爱。但到了高小，以后到中学阶段，就更应该从"被爱"提升到"爱人"，逐步发展到"关心他人，以及同他人统一"的"爱别人""创造爱"，也就是从以血缘为中心的爱，发展到对他人、人类的爱。我们的教育，包括儿童文学、青少年文学的任务，就是要用理性的力量，引导学生"爱别人"，包括爱大自然、社会等外部世界，"创造爱"，达到"博爱（博大的爱）"的境界，从而获得成熟的爱。这是引导孩子从幼稚走向成熟的重要方面，爱的教育也要从感性的维护上升到爱的哲学思考的层面。

第三，好奇心、直觉、想象力的保护和提升。

金波先生提出"想象与幻想思维是人类精神生活的原素"，同时又强调"从原生态幻想引向艺术审美幻想"，这都是要害。

对未知世界的好奇心，对万事万物本能的直觉的反应，不受任何拘束和限制的想象力——这都是儿童的天性，到了少年时期（初中阶段）更发展为"少年意气"。我曾经将其概括为"喜欢思考大问题，包括人生、哲学的根本问题""没有不可解的难题，没有不可探索的奥秘的自信心""初生牛犊不怕虎的勇气""不知天高地厚的狂气"。这样的"少年意气"到高中时更发展为"自由，创造"的青春精神。这都是健全人生最理想的"底子"，弥足珍贵。但我们却用各种各样的理由，例如斥其为"幼稚""不成熟"，予以扼杀。应试教育更是一种制度性的扼杀。在我看来，这正是应试教育的最大问题，甚至是最大罪恶所在。

关于对儿童好奇心、想象力的提升、引导，我在编《新语文读本》时，也做过一些尝试，曾提出过一个对中小学生进行"基本想象力"的培育的课题。我们当时设计的基本想象力有两个：一个是对"宇宙基本物质元素的想象"，即对中国传统所说的"金、木、水、火、土"的文学想象。比如我们编了一个《"火"的文学想象》单元，选了梁遇春的《观火》、梭罗的《室内取暖》、鲁迅的《死火》，还有《看山与写山》《爱海人的话》《诗人：土地的永远的歌手》等，引导学生从读相关文学名作入手，进行新的想象、新的语言创造。另一个是对"基本图形（圆形、方形、三角形，以及点、线）的想象"。这都不是针对单纯的数学图形，也包含了丰富的人文内容，其实就是人对于宇宙生命、自然生命、人的生命存在的一种把握的数学抽象。记得我们选了爱默生的《论圆》和钱锺书的《论圆》，把我们自己也带入了一个新的境界。我们当时还设计了"对时间和空间的想象与思考"的选题，但没有选到合适的文章只能作罢。这里还有一个意图，就是引导孩子不仅读文学作品，而且要读科技美文，达到文科教育和理科教育的契合。我们因此把"文理交融"作为《新语文读本》的基本概念。这背后也有一个基本理念："审美和求知是人类自在的天性。"在大自然里，美和真是一体的；人类审美与求真也是互渗、互动、互补的，我们追求的就是真、善、美的统一，这也是人类自在的天性。

此外，我们还这样设想：要通过孩子对富有想象力的文学、科技作品的阅读，引导孩子进行"虚构的想象性写作"。因此在阅读建议里我们经常提倡"接着往下写"，比如我们节选了《小王子》第一章，就写了这样的阅读建议：作者刚告诉我们，他在'远离人烟的沙漠里遇见一个非常奇特的小男孩'，文章就中断了。这引发了我们的好奇心，这位小王子是从哪里来的？以后还会发生什么奇特的事情？——你能把这故事继续讲下去吗？讲完了，你再去看看作者写的《小王子》全书，和你的想象比较一下，会很有趣，是不是？这一次我为金波先生写评点，也不断提出这样的"接着写""另外写"的建议，比如金波先生写了一篇《拔草的老人》，我就加上这样一句："孩子，你看到老爷爷、老奶奶拔草，会想到什么？如果从没有注意老爷爷、老奶奶在做什么，就找机会好好看看，想想。"这也是对孩子的观察力、思考力、想象力的一个引导吧。

第四，玩的天性。

金波先生有一篇《快乐鸡毛》，在文中他深情地写道："现在回想起来，（小时候）好玩的东西倒也不少。一块布头，几根狗尾巴草，都可能成为有趣的玩具。""鸡毛居然能给我们带来快乐，我至今没忘。""那时候，谁的书包里没有夹着几根色彩鲜艳的鸡毛呢？"文章最后这句话大大触动了我，我在评点中这样写道，"今天，孩子的书包里还夹着鸡毛吗？今天孩子的读书生涯里，还有游戏吗？本来，孩子的生命中，就是一个字：玩！现在都被应试教育'挤'走了！请还给孩子'玩'的权利"。大概也是出于这样的感慨与忧虑，金波的作品里，"玩"（孩子的游戏）也是一大主题，仿佛一写到"玩"，他就回到当年，下笔有神！他不仅以"好玩"的心情，写"玩"，欣赏"玩"，还引导孩子"想"，思考"玩"背后生命的意义。在《快乐鸡毛》里他就写到"玩"中不断有"新的诱惑，新的追求"，有在比"谁是赢家"的竞争中"好胜心得到满足"的快乐。他还写过一篇《夏天的三种快乐》，一是"玩"中的"发现"与"猜想",二在"玩"中"战胜自己",而最大的快乐是"能给别人带来快乐",其中最根本的是"玩"中的"自由自在"!我注意到,金波先生最喜欢且不断用的词,就是"自由自在"。原来,"玩"就是一种"自由自在"的生命状态。这样的生命状态最为珍贵,应该保留延续下来,成为终身不变的追求。

我们理解与追求的"儿童文学新启蒙",除了以上详尽讨论的"保护儿童天性,把孩子的天性发展成人的自觉"之外,还有两个要点。

首先,突出母语教育。文学从根本上是语言的艺术,而如金波先生所说,儿童文学应该担负起"培养学生热爱母语的思想感情""以母语为乐趣或生活方式"的任务。

我们在编选《新语文读本》小说卷时,就提出了三个指导思想、编选原则。其一,"突出汉字特点",特别引述了周作人的观点——汉字具有"装饰性,游戏性与音乐性",三大特点都与儿童天性相通,这应该是中国小学语文教育得天独厚之处。我们还特地注意到周作人提出的"可以用字谜来培养学生对汉字形象特征的感悟",以及他将对联、急急令、笑话,以及拆字等语言游戏引入教材的主张。其二,除了前面说到的引导孩子对母语及其背后的母语文化的爱以外,还要根据汉语的特点,突出朗读教育,注意引导孩子对汉语美与灵性的感悟,注意"语感"的培育,包括对不同作者不同语言风格的感悟和把握。其三,要充分注意儿童学习语言的趣味性、游戏性的特点,注意文学与艺术(音乐、舞蹈、戏剧)的结合。

这就必须谈到金波先生的文字,他对母语的热爱与创造性运用。这也是他的儿童文学创作最适合选入教材的重要原因。读金波先生的文字，我总要想起现代文学的一个传统：在五四时期，周作人就倡导"纯粹的语体"。到了 20 世纪 30 年代，老舍自称他的语言追求是"把顶平凡的话调动得生动有力""烧出白话的'原味儿'"来，因此要"始终保持着'俗'与'白'"。研究者解释说，"俗"就是一般人心中口中说的"日常用语"，"白"就是彻底的白话。到了 40 年代，就出现了一批这样的自觉地追求"白话的'原味儿'""俗而能雅，清浅中有韵味"的语言艺术家。我提到了萧红、骆宾基、冯至、赵树理等，并且这样分析萧红的《呼兰河传》关于童年回忆的文字："这里充溢着生命（大自然的生命，人的原始生命）的流动，这是儿童眼睛所发现的世界。一切都是本色的，连同它的语言——五官感触到什么，心里想什么，口头上就怎么说，笔下就怎么写，全是天然的流露。这是充满直觉、质感的语言，这是极其单纯的语言，也是生机勃勃的，自由无羁的语言。同时，这是艺术的语言，明丽的色彩，天籁般的韵律，使你直逼'美'的本身。"金波先生的语言，或许还没有萧红、冯至这样的"大家"成熟，但他显然是这一传统的继承人，他也在进行"在'俗''白'中追求精致的美"的语言实验。这样的语言适合儿童文学的创作，能够满足孩子的阅读需求，足以成为孩子学习汉语写作的范本。老师和家长也应该引导孩子从这个方面去读金波先生的作品。

其次，倡导"阅读教育"。

金波先生早在 2005 年就在和记者的一次对话里指出："声画的传媒方式虽然有其直观、快捷、娱乐等长处，但它代替不了阅读。这是两种不同的感受方式。前一种方式，欣赏者是被动的，被情节和画面牵着走。后一种方式，阅读者是主动的，他与书本之间有着思考的空间和时间。因此，我认为声画传媒不能代替阅读思维，如何吸引儿童阅读，这不仅是儿童教育的问题，而且是社会的问题。"

这也引起了我的强烈共鸣。我当年在编写《诗歌读本》时，也注意到"现代电影、电视艺术对诗的精神产生的致命打击"，并引述了一位专家的论述："它（影视艺术）具有一种特别的强制性，即让接受者没有自我创造和自我独立想象的空间。""我们如果只重视动画艺术，那么，很可能全世界儿童的想象力将来都是一样的。"这就说到了要害，强调文本阅读的根本意义也在这里。

需要补充与提醒的是，我们这里着重谈到了新媒体对传统阅读教育的冲击，以及我们必须有的坚守，但更不可忽视的，是金波先生也谈到的"科技进步带来的新的创造的可能性"。新科技给我们的传统教育（包括阅读教育）开辟了新的天地。"新科技时代的阅读教育"，这可能也是未来我们必须面对的新的实践和研究的课题。

再回到阅读教育的话题上来。我经常谈到，读书（文本阅读）的最大特点和好处，就是"不受时间、空间的限制，可以和百年、千年之遥，万里之外，任何一个写书人进行精神对话与交流""而且可以'招之即来'，打开书就是朋友；'挥之即去'，放下书，就彼此分手。何等自由，爽快！"这就是说，"读书是这样一种精神活动：一书在手，就可以打破时空界限，自由穿梭于古今中外，漫游于人类所创造、拥有的一切文化空间"。而儿童阅读的最大意义也就在于极大地开拓儿童的精神时间、空间维度，从而构造一种丰富多彩的"立体生活"。这对生活空间相对狭窄、单调的孩子来说，是尤为重要和珍贵的，这也是课外阅读的重要价值。我们如果把孩子的阅读范围限制在教科书和教参的阅读，那就无异于封闭孩子的精神空间，窒息孩子的生命。我说过，人的童年就是两件事：自由自在地"玩"和"读书"。我们却把他们限制在应试范围内，那叫什么"教育"呢？

在书本阅读中，我们还要强调"经典阅读"，让孩子自由地与创造民族和人类精神财富的大师、巨人对话，交流，"站在巨人肩膀上，就可以达到前所未有的精神境界，极大地提高精神生活的质量"。我这样描述我自己、我们这些成年人：作者、老师和家长的历史使命和最大幸福是牵着中小学生的手，把他们引导到这些大师、巨人的身边，互作介绍之后，就悄悄地离开，让他们——这些代表着辉煌过去的老人和将创造未来的孩子在一起心贴心地谈话。我们只身躲在一旁，静静地欣赏，时时发出会心的微笑。就为这个瞬间，无论付出什么代价，都是无怨无悔的啊！

当然，也不能只是浪漫地想象，还要实实在在地做事。这就是金波先生所说的，除了培养阅读兴趣以外，孩子们还要"开拓阅读眼界，学会鉴别"，更要"养成良好的阅读习惯"。这也就是我说的，打好"五大基础"：培养读书学习的兴趣；授予学习各学科的基础知识；培训语言、思维的基本能力；教给读书的方法；养成读书学习的习惯。这就真正"引入文化之门"，打下了"终身读书学习的底子"。再加上打好"精神的底子"和"健康身体的底子"，有了这三个底子，就意味着，孩子有了一个保证他终身身心健全发展的坚实可靠的基地，一个立人之本。孩子有了"精神的家园"，我们这些成年人——作者、编者、老师和家长，也就可以放心了。

最后一个问题，也是我们自己的人生课题：
从一个老年人的角度，重新理解儿童文学，
走进儿童的世界

回到开头的话题，我与金波先生，在泰康养老院里相遇相知，人到老年，还有这样一次进行"儿童文学新启蒙"的合作，在仍处于封闭中的养老院进行这样一次对话，这都不是偶然，而且意味深长。

为什么要这样做？能够这样做，原因有二：一是金波先生说的，我（我们）的心灵还活着一个童年的自己，所谓"童心"不老、不死。二是因为我们漫长的人生旅程，走到最后一段，就有了需要——要回归童年，特别是回归儿童的精神生活。人到了老年，就要回归大自然，回归大地。这就是"入土为安"，死去何所道，托体同山阿。人到了老年，就要回归童年，这就是"返老还童"。而且这两者是一件事，就是金波先生说的，"在大自然中与孩子相遇，学会和孩子在大自然中交往""在大自然中，人与人之间变得单纯，纯真，真实"。这就意味着，人到老年，既要保留老年的思考和智慧，又要回复儿童的纯真、情趣，这才是"人生的完美结合"。这就是金波先生和我最后的生命的选择和人生的理想境地。即使不能完全达到，也要心向往之。

2020年10月陆续写出，11月6日定稿

辑
三

知识分子的历史与命运

20 世纪中国知识分子的历史与命运

访谈人：唐小兵 [①]

唐小兵：钱老师，读您研究中国知识分子在新中国成立前后的历史与命运的新书《岁月沧桑》感慨万千，因此特地趁着这次到北京参加学术会议的机会来跟您交流。读过您的书，感觉您在书中反复重申一个"经典性的主题"，那就是在 20 世纪 50 年代以后，像沈从文、梁漱溟、王瑶、赵树理，甚至包括废名、胡风等人，无论是偏自由主义还是倾向左翼的，或者是像儒家的这些知识分子，都好像在寻找一个跟新的政权，新中国和共产党的契合点。对沈从文等人来说，寻找契合点就成为生死攸关的大问题。您在书里提到，废名好像是从民族主义和国家认同的角度来寻找契合点。中国文化强调求同存异，它更多地寻求一个共同点，但是回头来看"存异"

---

① 唐小兵，华东师范大学历史学系教授。

似乎更为重要，那个"异"的存在，就是新的国家、新的社会很难容忍的一种态度、气质或者思维习惯等。按照您的论述，对当时的中国知识分子来说这其实是一个自觉的追求。但回头看梁漱溟、沈从文等人的遭遇，甚至包括左翼的王瑶、胡风等人的遭遇，会发现很多知识分子想跟新中国、新社会契合但都契合不拢，归根结底这个原因在哪里？胡风1949年写给他夫人梅志的一封信里说："我们多么可怜，献出心去还要看人家要不要！"这句话特别触动我。因为以前我对胡风不算特别了解，但是您可以看到这些左翼知识分子的命运，就是说他们确实是很真诚地很努力地在接受、接纳、顺应这样一个新的时期、新的社会以及新的政治状况。即使他们这样努力，但是好像最后他们还是难以避免悲剧性的历史命运。

钱理群：我觉得这些中国知识分子之所以如此选择，有一个很简单的原因：他们这些人都是爱国主义者，追求国家的独立、统一和富强。这是当时所有知识分子的一个共识，甚至到今天，都是这样一个基本立场。他们期待共产党领导的新政权能够实现这样的理想。这里显然有一个前提，就是他们整体地确实对国民党政权完全失望了，不管是哪一派的，都失望了。当时大部分知识分子都留在了内地，真正到海外去的，极少极少。到海外的知识分子大都是没有什么退路的，比如梁实秋对他留下来的命运是很清楚的；另外像陈寅恪，当时国共两党都在北京争取大知识分子，陈寅恪选择了南下，也就是接受国民党的争取，后来南下到了广州，最后他还是不走，不管怎么说，他不想离开乡土。这些知识分子对国民党整体地失望，对共产党的领导他们中有些人还是有心理准备的。像沈从文就很有预见地指出，"思"的时代已经结束，以后是"信"与"从"的时代。也就是说，他对新政权是有一个基本的判断的，而且今天来看，是很有远见性的。但即使有这样一个判断，他还是留下来了，这是在国共两党间必须作出选择而要付出的代价。而且沈从文还心存一种期望，就是他可以在自己与新政权之间，寻找一个契合点，他也果然找到了，这就是我在书中所分析的"新爱国主义""新人民观"与"新唯物论"。沈从文很难想象，共产党要领导国家搞建设，经济建设之外，还有文化建设，这怎么能够离开知识分子？这也是他自己对国家的责任："这样一个新中国，不能没有我！"沈从文这样的态度是很有代表性的，是一种"寻找契合点，努力适应型"。就连一直持反对立场的周作人，也从党在新中国成立初期制定的婚姻法里找到了他的妇女观与新政权可以相容之处。

还有一些相对天真的知识分子，他们还希望用自己的政治理想来影响新政权。在抗战胜利后的 20 世纪 40 年代，在知识界，尤其是北方知识界有一个关于"中国向何处去"的大讨论。大家都认为，中国正处在一个历史的转折点，"旧中国"的时代结束了，应该建设一个"新中国"，但是究竟如何"建国"，应该建设怎样一个"新中国"，"新时代"的路应该怎么走？很多知识分子都有自己的想法，提出了不同的预期与想象。现在，共产党来领导"新中国"，一些天真的知识分子就很想用自己的建国理想，甚至建国方案，来影响毛泽东和中共的决策。于是就有了"废名上书"。

唐小兵：在读您的文章之前，废名给我的印象就是很散淡的、很超脱的，我从没有想到他有这么强烈的政治意识乃至构建了政治蓝图，以前读他的那些散文，感觉他是很超然世外的那种知识分子。

钱理群：这正是这一代中国知识分子的特点。以前的历史对这个群体的描述多少有些误解，应该看到，民国以来的中国知识分子中，真正超然、避世的是极少的。关心天下大事，积极参与国家政治，本来就是中国儒家知识分子、士大夫的一个传统。近、现、当代中国知识分子是继承了这样的传统的，而且似乎有更大的自觉性。对刚刚诞生的"新中国"，许多知识分子都有自己的理解、想象与期待。废名就认为儒家的时代来了，希望"以儒建国"，并实行无为之治。以梁漱溟为代表的乡村建设派的学者，也因为原来的从农村入手改造中国的设计和主张跟共产党很接近，就期待在共产党领导下全面实现自己乡村建设和国家文化建设的理想，认为这是一个可以施展自己抱负的大时代。胡风本来是以左翼知识分子自命的，也就理所当然地认定自己是党组织的依靠对象。胡风认为周扬根本就不能代表党，坚定不移地相信，中国共产党将按照他的理念和理想来进行新中国的文化建设——他一直就是这样认为的，意志很坚定，从来没有动摇过。这些不同类型的知识分子都肯定中国革命，也肯定共产党领导新中国的成绩：实现了国家的统一、独立，以及在经济上获得一定程度的发展。这其实也是我们今天回顾和总结这段新中国成立初期的历史时要肯定中国革命的一个缘由。从这一点上来讲，知识分子对新政权的认同是有历史的合理性的，但是问题就在于他们有一个最基本的失误，这跟整个体制存在的问题有关。

唐小兵：回头看 20 世纪 50 年代的知识分子，无论是左翼也好，自由主义也好，乡村建设派也好，都有一种愧疚感甚至负罪感，因为他们觉得自己分享了革命的果实，却没有拿过枪、上过战场，也没流过血。当时制造了这样一种集体氛围，每个人都觉得自己是有原罪的，一方面地主家庭或者小资产阶级家庭出身可能决定了这种原罪；另一方面就是自己没有参与革命的过程，甚至对革命有过怀疑甚至抵触，这也是有原罪的。而且知识分子生活在新中国，基本上都有自己的工作单位，从政府那里拿工资。无功不受禄的传统心理进一步强化了知识分子的负罪感，在心理上每个人就好像被降格了，也就是被降伏了。

钱理群：对，正是这样。对于那些知识分子来说，即使自己错了，但还生活在新中国、新社会，享受着革命胜利的成果，而许多革命者却牺牲了，看不到胜利的这一天。这样的对比也很容易刺激出一种内疚感，甚至负罪感。

唐小兵：甚至包括像金岳霖等一些做逻辑哲学做得特别好的人，新中国成立后也是"觉今是而昨非"，用梁启超的话来说就是"以今日之我，胜昨日之我"。把自己过去的著述乃至人生全都否定，这是一种特别突出的知识分子现象。中国传统社会的士大夫群体是特别有担当的，所谓在朝美政，在野美俗，达则兼济天下，穷则独善其身，这是有着价值意识和文化自觉的精英群体。我以前研究过 20 世纪 30 年代上海的左翼文人，左翼文人在上海的《申报》

《现代》《申报月刊》等报纸杂志发表了大量文章讨论文人无行、文人无文、文人无用等话题。由此可见从那个时代起，知识分子就对自身这个阶层充满了污名化和妖魔化，弥漫着自我鄙视和自我贬低的话语。知识分子与自我的关系，其实也就是涉及"我者"与"他者"的关系，在中国革命中，作为对照物的"他者"主要是指人民群众。您在书里反复谈到了一个问题，就是知识分子与群众的关系，比如说沈从文的新人民观，他认为共产党领导的中国革命是一个"让老百姓翻身"的历史变革；共产党及其领袖"代表的是万万劳苦人民共同的愿望、共同的心声"。像赵树理，他总是说要写关于真正的农民的生活，要真正代表农民的利益来说话。

钱理群：这可能就涉及中国的一个传统，总体来说，个人主义很弱，传统知识分子，也就是士大夫，被两个东西给罩住了，一个就是所谓的"道"或者说"道统"，另外一个就是对帝王的依附性，这可能是整个知识分子的文化传统，个体性的、独立的知识分子力量比较微弱，知识分子安身立命总是要从更抽象的"天命、天理"或者人格化的"皇帝"，也包括你所说的"人民"那里寻找。当然，这也是中国知识分子很大的一个优势，体现为强烈的社会责任感和国家意识、人民意识。但这个知识分子传统是一把双刃剑，另一面就是很容易放弃自己个人的独立，实际上是把更高的价值给丢掉了，知识分子本身应该具有的一些东西，包括个人的独立和对真理的追求都被丢掉了。这都成了知识分子接受改造的依据和理由。

我在书中解剖了几个知识分子改造的典型个案。一个是诗人邵燕祥，这个案例讨论的是究竟是什么样的"革命逻辑"说服了追求进步与革命的知识分子自觉地接受思想改造。在邵燕祥（包括我自己在内的许多知识分子）身上明显表现出理想主义和浪漫主义、英雄主义的精神气质。我非常细致地分析了这种气质怎样导致了对"革命"的浪漫主义、民粹主义的理解与想象，而这样的革命理想主义又怎样导致了根本性的精神迷误，最后屈从于打着革命理想主义旗号的革命专制主义，陷入了"本想进入这一房间，却进入了另一个房间"的历史悲剧。

唐小兵：您在《我的精神自传》里面谈到，其实知识分子与民众的关系，也是现代中国的启蒙问题。现代意义上的知识分子主要脱胎于五四新文化运动，是要开启民智、传播新知甚至改造国民性的启蒙知识分子，到了新的革命政治里面，启蒙者的社会角色完全被颠倒过来了，变成了被启蒙者和被教育者。教育知识分子的除了党，还有此前在文化和社会经济地位上都处于底层的工农大众。我记得您在《我的精神自传》里也对启蒙这套理念本身进行了反思，就是启蒙本身的排他性、一元性的霸权性质。您在书中始终围绕知识分子的改造和坚守这两个轴心展开，改造是自上而下的党对他们的改造；坚守是知识分子的主体性的体现。回头来看，像沈从文这样的知识人虽然经历巨大的精神危机，但终究维系其人生乃至精神于不坠，显然跟他对人生、历史与文化的深度理解有关，也就是您反复强调的一种既有韧性又有智慧的人格，因此其《古代服饰研究》也绝非横空出世，而是有很深的文化与心理渊源的。

钱理群：沈从文当时不单单是从事古代服饰研究，他还是从一个较为基本的文化理念出发的，他对中国传统文化，特别是民间传统，有着很深的认同。当然，在那样一个天地玄黄的大时代，真正能坚守下来的知识分子还是极少的。

唐小兵：对。我之前读沈从文在"文革"十年的家书，感触很深，发现即使是在"文革"期间，从文先生的家书里面，也几乎看不到任何套话空话，我觉得这一点是很难能可贵的。沈从文当时写的家书，都是很平常、清新和日常的语言，而且他在里面对毛泽东时代一些中文系培养作家的速成班，比如以赵树理的写作为典范等，也很不以为然。这说明沈从文其实还是有坚守的，只不过是他在公共场合没有说话的空间罢了。

钱理群：你刚刚谈到的这种坚守其实是极其重要的，就是坚持自己的语言，坚持自己的话语方式是很难的。

唐小兵：我觉得这也是一种抵抗方式，用自己个人化和个性化的语言来表达自我，来表达对这个时代和世界的理解，但很多人都把自己的语言放弃了。

钱理群：但是它是有代价的，这是沈从文后来退出文坛的一个原因。因为在台上就必须使用一种新的语言，沈从文选择了退出来，以写家书这种不公开的方式表达其思考，避免面向公共的写作，如此来保留自己一个独立的天地。所以他看起来就在退却，不参与，不说话，保持沉默，这其实也是知识分子的一种智慧。简单一句话：我不跟你玩，我自己玩，保持我的独立思考和不以发表为目的的言说。我称之为"为自己和未来写作"。

唐小兵：但是当时那个时代，以至于今天，很多人是想贴上去的，都想得君行道做帝王师，你不贴，可能就要付出一些代价。

钱理群：所以说真正坚守的也只有那么几个人。沈从文是有所不为，有所为，不能写小说，就做古代服饰研究。另外比较突出的应该是顾准，另一个是梁漱溟。梁漱溟始终坚守他自己的那套对中国文化与社会的系统化理解。他没有什么大变，是一以贯之的。梁漱溟在那个时代没有做什么太违心的事情，他即使检讨自己，也是发自内心，保持了一个相对完整的自我。

还有一位坚守者，就是赵树理。我认为新中国成立以后，对农民问题进行独立思考的，除了毛泽东，就是他一个人。而且，他对于农民的思考是不同于梁漱溟的，作为一个共产党人，他对社会主义农村怎么搞有自己的一套看法。他说："我是农民中的圣人，知识分子中的傻瓜。"这可以解除我们过去对赵树理的误解，一是忽略了他的现代知识分子的基本立场与身份，一是简单地把他看作是"农民的代表"。赵树理是既"在"农民中，又"不在"其中，有高于农民的思想与追求。作为共产党人，他是有社会主义理想的，但他想的社会主义农村跟毛泽东想的又是不一样的，而且始终坚守不变。他提出社会主义新农村的三大标准：一是生产要发展；二要使农民获得实际利益；三要建立"法律的伦理化"的农村新秩序，既要"有法可依"，还要符合中国传统伦理，要"有情有义"。这一点跟梁漱溟有相同之处。他还提出了一个"直接生产者"的概念，认为在农村应该依靠的是"直接生产者"，而不是脱离劳动的"痞子"。他最为担心的，是实现农村现代化的过程之中，将逐渐消灭体力劳动和体力劳动者。他忧虑年轻人接受现代教育，都离开农村，一去不复返，最后就没有体力劳动者了。在他看来，体力劳动是人之存在的根本。人的生命的理想状态，是既要坚持脑力劳动，又要从事体力劳动。可见赵树理对中国农村问题，以至现代化建设，有自己的独立思考与见解，留下了一些宝贵的思想资源。

唐小兵：读钱老师的书，让我想起马克·里拉的《当知识分子遇到政治》一书里所讨论的西方知识界在近代过程中，也出现了一些杰出的知识分子比如海德格尔、施密特等人为极权政治背书的例子，可见知识分子与政治的关系是一个普遍性的问题。您反复用那个精神迷误来分析中国知识分子在政治中的处境与心灵，与此同时从您的叙述可见，一些知识分子有着单纯或者狂热的政治理想，就是他希望能够影响国家政治的走向。在您看来，知识分子与政治的关系究竟应该保持一种怎样的状态才是比较合理和正常的？一方面，我们强调知识分子要有责任感，要参与社会和国家建设，要勇敢地发声；另一方面，知识分子可能并不具备相应的专业知识和实践经验，甚至像马克斯·韦伯所讲的，缺乏一种责任伦理或者充分了解政治的实际进程这样一种政治能力和成熟心智，似乎意识与能力之间并不相匹配。但是中国的文化又有一种强劲的以天下为己任的传统，现代社会实现知识专业化和工作职业化以后，这方面其实跟传统社会不一样了，知识分子与实际政治是越来越疏离了。传统中国的知识分子，在乡土社会做一些事情，对社会、政治和人性或多或少还是有一点了解，而现在从学校到学校的知识分子很难说对政治的过程有多少深入的了解。所以从这个角度出发，是不是可以引申出，其实知识分子还是应该与政治保持一定的距离，不要那么强烈地介入现实政治，但是不介入政治，好像他又没办法很好地对政治事务发表一些真知灼见。这就好像陷入两难的悖论之中。

钱理群：可以肯定地说，实际生活是脱离不了政治的。知识分子参与政治有不同方式，一种方式就是直接参与，或者是参与国家的具体政治实践，或者是参与社会运动，包括抗议运动、维权运动等，对体制外的政治和体制内的政治都是直接参与，还有一种就是"议政而不参政"。实际政治除了你所说的有自己的专业性之外，还有自己的行为逻辑、方式，我常说参与实际政治（无论是体制内，还是体制外）都必须有在污水里打滚，又出淤泥而不染，保持自我的独立和清洁的能力。这个很难，特别是有洁癖的知识分子就会知难而退。

在我的研究范围内，我觉得在处理与政治的关系问题上，知识分子有两种类型和典范，就是胡适与鲁迅。胡适终其一生对政治都有强烈的参与意识，有时是议政而不参政，有时就直接参与，但每次到最后关节，他就止住了。特别是在 20 世纪 40 年代末，社会各方面力量希望他竞选副总统，蒋介石要他组阁，他也动了心，但最后还是放弃，止步了。胡适提供了一个参政还保持独立的典范，跟他走的一批人也是，像叶公超就是入了阁又退出了，在进退之间把握了分寸。当然，胡适能保持独立性，是他有一个条件，就是蒋介石能接纳他和包容他。鲁迅选择的是做"精神界的战士",不直接参与实际政治运动,坚守在思想、文化、精神领域进行"社会批评"和"文明批评",做批判的知识分子,面向公众和知识界发言,从而产生思想的影响,也包括政治影响。他偶尔也会参与一些抗议和签名活动,但这不是主要的。这样的精神界的战士是独立于体制之外的,但也有一个如何处理与体制外的反抗政治和组织的关系问题,在鲁迅的时代,就是和中国共产党及其领导、影响下的左翼思想文化文学界的关系。鲁迅显然和他们存在合作,甚至是相当紧密的合作,但他也依然保持了自己的相对独立性,这或许是更加难得的。胡适和鲁迅就这样为我们提供了两个典范:无论是直接参与体制内政治,还是参与体制外的政治,在有合作,有妥协的同时,都努力保持相对独立性,保有进退的自由。

当然,还有间接的政治参与,知识分子既关心政治,又自觉与政治保持距离,主要在非政治的领域,比如说教育、思想、文化、学术领域,进行扎扎实实的专业实践,包括改革试验,只对专业问题发言,而不对当下政治直接发表意见,既不参政,也不议政,着眼于在专业领域发出独立的声音,产生影响。这正是对权力的政治干预、强制和控制的抵制和反抗,本身也是一种政治参与。其作用是积极的。这其实是大多数知识分子的切实可行的选择。

唐小兵:其实就是转向社会,由原来的眼光向上转为眼光向下,转向跟社会结合,做一些有实际意义的社会工作,有点像明儒的"觉民行道",做下层民众的启蒙运动。

钱理群：知识分子还有一种道路就是走思想启蒙的道路，比如康德式的启蒙，理论和实践看起来是保持距离的，实际上是对那个时代提出一些新的理论和新的价值观念。按说这应该是知识分子的本职，就是要建立一个有解释力和批判力的理论体系。要和现实保持一定的距离，但是又要关注现实，了解现实，这也是知识分子的本分，我认为这是要比前面几种类型的知识分子更重要的。

唐小兵：但是很少有知识分子愿意潜下心来做这种思想理论的基本建设工作。澄清这个时代的意识形态迷雾，包括语言上的、思维上的乃至心灵深处的，是一件急迫而需要长久努力的工作，却很少有人耐得住寂寞、守得住底线去从事这种工作。这或许也是很多知识分子推崇王小波的写作的重要性的缘由吧，因为王小波让我们从一种僵化、空洞却铿锵的语言中解放出来了，所以这样一种新的话语体系和思维方式的确立是很重要的。

钱理群：我们还可以把讨论再深入一步：在当下中国的政治环境下，知识分子的学术选择。前面已经说到的，既有现实的批判性，又有超越性，是一种相对理想的研究选择，而在实际生活里，做到这一点很难。我们更关注的是另外两类学术选择，也是知识分子道路的选择。

一些人（现在看来，似乎有越来越多的人）走一条政府导向的类似智库研究的，为政治服务的学术。这在现当代中国是自有传统的。我不是原则上反对服务型的智库研究，问题是知识分子能不能保持自身的独立。这类研究很容易进入，但从中保持独立就很难了。

这样的智库型研究的盛行是有一个更大的背景的，即执政党知识分子政策的改变。

还有一种"纯学术"的研究，是完全出于学术对象本身的魅力而产生的学术兴趣，是出于自身生命发展的需要，没有太大的社会关怀（但并非没有是非观念），也不想用学术影响社会，仅为学术而学术。这样的纯学术研究，本来是体现了学术研究的本性的，在正常社会里，通常都是学术研究的主流，但在当代中国，却有着特别的政治背景、意义与作用。这样的学者及其研究应该受到尊重。事实上，在当下的中国，最具有现实可能性，并自有价值的，就是这类学院派的研究。我一直跟我的学生说，凭兴趣做学问，凭良知做人，这大概是一种最可行的选择。但真要做到，也不容易。

唐小兵：是的，凭兴趣做学问，凭良知做人。前段时间争议很大的钱锺书、杨绛夫妇在特殊时期的处境与选择其实也涉及所谓"消极自由"或者说"守住底线"的问题。

钱理群：钱锺书是一种类型，能保持自己的独立性，所谓洁身自好，不掺和到酱缸里面去，对现实政治甚至社会相对不关心，比较疏远，甚至自觉疏远。我认为钱锺书其实是看得最透的人。我一直在想一个问题，为什么"文革"后的新时期，钱锺书在学术上没有大进展，只是整理原来的知识积累而已。我的导师王瑶也大致如此。就智商而言，他们两位绝对是最高的，为什么在大家都认为可以大有作为的所谓新时期，他们偏偏没有大作为，究竟是什么原因导致如此呢？

唐小兵：我们学校中文系的钱谷融老先生恐怕也是这种绝顶聪明却成果较少的类型。

钱理群：简单一句话：他们早已看透一切了。就我熟悉的王瑶先生而言，他就看透在中国现行体制下，人文科学不可能有大发展，所以他更重视年轻时候所从事的古典文学研究，对后来从事的现代文学研究并不看好。因为前者距离现实政治要远一点，而后者是逃脱不了现实政治的干扰的。在我看来，钱锺书也是如此，太聪明，太清醒，看得太透，就不想写了。

唐小兵：我这里可以提供一些佐证，吴学昭整理的《听杨绛谈往事》里面讲了个细节，就是抗战刚结束的时候，清华钱锺书那个圈子的教授已经开始阅读和讨论奥威尔的英文小说《1984》，那个时候离新中国成立还有一段时间，他们似乎就有一种惊人的预感。这个细节当时读得真是让我触目惊心。

钱理群：他们是最懂得中国政治，看透了，又不能反抗，只有退而自保了。

唐小兵：有些知识分子因此认为像钱锺书、杨绛夫妇这样的知识分子，其实就是聪明地保持沉默的"犬儒知识分子"，面对不义之恶，缺乏挺身而出的道德勇气。

钱理群：我对这种隔岸观火和居高临下的苛论是极其反感的。在分清是非之后，我们也应该宽容，要有一个对人性弱点的理解，对知识分子弱点的理解。不能够要求大家都当永远正确、永远真理在握的"圣人"，那是做不到的，而且不合情理，有道德专制的意味。而道德专制恰恰是极权政治、极权体制的最本质的特点之一，我们应该与之划清界限。

唐小兵：中国文化传统里有很强劲的道德严格主义，这种道德性的要求跟革命的政治结合了起来。您在《岁月沧桑》里讲到道德标准性，一方面道德赋予知识分子很强的具有神圣感、崇高感的体验，另一方面道德也可能弥漫很强的道德专制、道德恐怖、道德压迫的意味。

钱老师，我这次特地来拜访您，特别想听您谈谈对 20 世纪中国的左翼文化运动的看法。您写胡风的长文（未能收录进《岁月沧桑》），我读了是最有感触的，因为我现在正在做有关二三十年代左翼文化与中国革命的研究。您在书中谈到了一个核心问题：左翼知识分子一方面是"五四之子"，受到五四运动启蒙观念的影响，但这种启蒙思想和价值观念又是伴随着帝国主义的坚船利炮一起闯入的，是从一个遥远的异邦移植过来的；另一方面，左翼知识分子有追求民族现代化，甚至追求民主自身独特性的自觉，所以，这中间是有纠结、有矛盾的。就中国的左翼传统而言，您觉得哪些成分还可以继承，哪些地方您觉得我们应该更深刻地反思。据您的研究，民国的左翼知识分子既是反权力的，又是反资本的，但是好像这个左翼的传统后来就很微弱了。

钱理群：我和你谈谈自己的思想经历和经验吧。我们这一代人基本上都是左翼革命传统培养出来的，从小就受这个教育。我们总的来说，是自觉继承五四运动传统的，因此我常把自己称为"五四之子"。五四运动之后知识分子的思想发生了分化，形成了以胡适为代表的自由主义传统和以鲁迅为代表的左翼传统，以及共产党领导下的左翼革命传统。在很长时间里，我们都把它们看作同一个左翼传统，而且是自觉继承左翼传统的。应该说，以胡适为代表的自由主义传统对我们那一代是没有什么影响的。在新中国成立以后，无论是五四传统，还是左翼传统，事实上都是被否定的。我在关于胡风的文章里，谈到毛泽东的《在延安文艺座谈会上的讲话》就是要用毛泽东思想来取代、改造两大传统，或者说，要将它们纳入毛泽东的思想体系中。这也深刻地影响了我们这一代对五四、左翼两大传统的理解与继承。在"文革"结束后，我们发现了胡适代表的自由主义传统为观察与认识中国问题提供了全新的思路，起到了思想解放的作用。因此，在20世纪80年代，我们比较少谈左翼的历史遗产，而在思想言论上不同程度地表现出某种自由主义色彩。在我看来，这是正常的，是思想发展过程中必经的阶段，而不是有些研究者所说的"幼稚"和"失误"。当时我们也没有全盘否定左翼传统。在参与撰写《中国现代文学三十年》时，写到20世纪30年代的左翼文学，我还是持基本的肯定态度，同时又对左翼文学存在的问题与历史教训做了认真的总结。到了20世纪90年代以后，当中国社会面对两极分化的问题，就是现代化的另一面的问题开始凸显的时候，我又开始了对左翼传统的重新认识和重新发掘。

唐小兵：也就是说，中国社会发生巨变，让您重新找回左翼传统里面比较珍贵的历史遗产来感受和表达，甚至使您对左翼历史资源进行了某种创造性的转化。那么，您觉得左翼传统里包含了哪些珍贵的成分？

钱理群：我对左翼传统的重新认识与开掘，是从对鲁迅晚年思想的新的体认开始的。这里还有一个背景，就是20世纪90年代知识界新左派与自由主义者的论争。我在论争中没有发言，因为我对两派观点都有认同之处，又都不满意，不愿意简单地站在哪一边。为了寻找自己的立足点，我就注意到鲁迅写于1927年的《关于知识阶级》一文，鲁迅提出了一个"真的知识阶级"的概念，并指明其三大特征：一是永远不满足现状，具有彻底的批判性；二是永远站在平民一边；三是永远处于社会的边缘位置，因而永远是孤独的。我突然醒悟，这其实就是真正的左翼知识分子的基本特点与传统。以后我又将其概括为彻底的批判性，对社会平等的不懈追求，对底层的关怀这几点，跟自由主义的精英意识是大不一样的。我在这本《岁月沧桑》的后记里，把应该坚守的知识分子精神概括为三点：始终如一地探索真理；独立思考；对既定观念与体制提出质疑。这都是从鲁迅的"真的知识阶级"的定义出发的。其实，我们中国真正严格的自由主义知识分子是很少的，他们也会有左翼的一些特点。我也是在这样的思考的基础上，在21世纪又提出了"鲁迅左翼"的概念，以和党领导的"革命左翼"区别开来。

唐小兵：这个区分很重要，我这次参加北京大学历史系举办的

"转折年代：从新文化运动到国民革命"研讨会，提交的论文也援引了您在《岁月沧桑》里所做的"党领导下的左翼"与"鲁迅为核心的左翼"的区分，这两个左翼是不一样的。

钱理群：我很明确说过自己是自觉继承"鲁迅左翼"传统的。这也可以说是经历了"文革"后的不断反思，直到今天才找到的自我定位。我最看重的是其中的批判性品格，真正的批判性除了对社会的反思、质疑、批判之外，还应包括自我批判。我甚至认为，衡量是不是真正的左翼，有一个标准，就是是否质疑与批判自己。那些自以为真理在手，打倒一切异己者的左派，都是"拉大旗，作虎皮"的假左派，我们必须与之划清界限。

唐小兵：这种自我批判又不能走向革命政党所要求的"自我诋毁，自我污名化"。

钱理群：那不叫自我批判。最后要说的，也是许多年轻人喜欢问我的：你的信仰是什么？我的回答通常是：我依然坚持我年轻时的信仰，反对和消灭一切人压迫人、人奴役人的现象和制度。

唐小兵：这种社会理想和价值观念，是超越民族和超越国家的。

钱理群：我还要补充一句话：我今天的信仰和年轻时代存在一个巨大的差别。年轻时我受革命教育的影响，坚信"消灭一切人压迫人、人奴役人的现象"的乌托邦理想，在此岸世界就可以完全实现。以后经历了无数血的教训，包括"大跃进""文革"这样的历史悲剧，以及我们每天都必须面对的种种无情的现实，才认识到"消灭一切人压迫人、人奴役人的现象"的乌托邦理想的彼岸性，即这种理想只存在于彼岸世界，而此岸世界，压迫与奴役永远存在，而且随着不断再生产，反压迫、反奴役的斗争也就永远不能止歇。"不再存在压迫与奴役"的彼岸的理想世界，我们虽永远不能到达，却是可以逐渐趋近的。更重要的是，这样的彼岸理想、终极关怀，会照亮此岸的黑暗，成为在此岸现实世界里，反压迫、反奴役的不懈斗争的一个原动力。我现在就是这样，我对现实生活中一切压迫人、奴役人的现象都极度敏感，也对自己可能因为具有某种权威地位而自觉不自觉地压迫他人，保持高度的警惕。如果说，彻底的批判性是左翼知识分子的基本特质，那么，这样的"消灭一切人压迫人、人奴役人的现象和制度"的彼岸信仰，就是其基本动因，这也可以说是左翼传统的世界观基础吧。

我心向往之的是创造对当代中国有解释力和批判力的理论

访谈人：郑雄[1]

我们这代人，个人从来都是和家国联系在一起的

郑雄：您的写作有种有意思的现象：一方面，文学史、历史著作的写作，要求"客观"，您却常常讲求"主观"的介入；另一方面，写散文这种人们觉得需要更多"主观"介入的文章，您似乎个人化的情感投入并不那么多——您关注的往往是一些理性的、家国层面的东西。

钱理群：一方面，这是由我个人，也是我们这代人的特点决定的。我们这代人，个人从来都是和家国联系在一起的。当然也不能说完全没有个人化的东西，但关注的重点始终是家国天下，不可能缩在象牙塔里。当然，这里也有我个人的问题。比如说柳鸣九先生最近让我编一部散文集子，很长时间我拿不出来。因为我没有严格

---

① 郑雄，河南文艺出版社副总编辑。

意义上的散文作品。我给柳先生解释，我写作确实不太讲究文笔。我只要流畅地表达，不去斟酌字句，这是我的弱点。我的毕业论文答辩会上，唐弢先生就说：你最大的弱点在文笔。王瑶先生也这样跟我说过。当然从另一个角度来说，不加修饰，保留了一种真率之气，也就有了自己的特色。

另一方面，我有"野气"，是"野路子"。史学讲究客观性，但我的一些史学著作，就有我主体的投入。比如我写毛泽东，既讲毛泽东的功业，也分析他的内心世界，还特意把那个年代我的故事放进去。这统统都是史学界所忌讳的。我自己总结：我是用研究文学的方式来研究历史。

郑雄：人们一般认为，您有三种身份：学者、教师、公众人物。这几种身份，您最看重的是哪一种？

钱理群：我对第三种身份有点保留。站在边缘位置上思考国家大事是我的本性，并非出自一种所谓神圣的使命感——鲁迅说，血管里流出来的都是血。我是这么个人，就一定要介入社会。

或许因为爱议论国家大事，就容易引发关注，这正是我最大的负担。现在我几乎成了一个所谓的公众人物。一举一动，包括来养老院住，都被关注。我现在简直不敢讲话，一讲话，经过网络传播，好像全世界都知道了。我感到非常不舒服。

郑雄：但外界偏偏最经常提及您的这一角色。能不能认为它还是反映了外界对您或者是对知识界的一种期待？

钱理群：我不愿意成为被关注的中心。言论一被放大，就未必是你的本意——甚至被歪曲了。但你没办法到处去纠正，这就很被动。人过分注意别人的期待，成了"代言人"，就会失去自己。这是我最为警惕的。

自然，我不是不关注读者，但我觉得，大家通过看我的书、我的文章来交流就可以了。那里面才是我真正表达自己的内容。当然，你知道，我的立场比较复杂，文章发表、书出版时一些内容往往被删改。比如说，最近我完成了一本关于当代知识分子精神史的书，它是我的"知识分子三部曲"的第二部。十五篇文章，出版时只能保留九篇，要删掉六篇。书出来后，右派可能不满意，觉得钱理群相当"左"；左派可能也不满意，觉得我太"右"。我曾经开玩笑说，我既是右派的统战对象、批判对象，也是左派的统战对象、批判对象。这正好反映了我的思想的复杂性。我们现在的所谓左派和右派互不相容，摆出一副"不是你死就是我活"的架势，这是有问题的。在我看来，"左""右"都有合理性，我对他们中的真诚信奉者都有同情的理解，但那些忽"左"忽"右"的没有真正信念的流氓文人不在其内。同时我也觉得"左""右"方面都有问题，甚至是严重问题。而且我越来越觉得，固守原有的"左"或"右"的立场、价值理念，都无法对急剧变动的中国与世界做出合理的解释。现在我们急需跳出"左""右"的固有框架，进行新的思考与理论创造。我在当下"左""右"之争中立场不鲜明的原因就在于此。我不是在搞折中，还是有自己的立场和独立判断的，只不过不愿意走极端，不愿意把问题简单化，不愿意把自己的思想纳入某个既定的大家公认的框架，希望保持对生活（生活之树常青，固有理论永远是灰色的），对新的理论创造的开放态势。我知道在我们这个习惯"站队"，喜欢立场鲜明的国家里，我的这一超越"左""右"的独立选择，是很难被理解的。公众对我的关注，实际上是用他们自己既定的或"左"或"右"的立场来塑造我，在某种程度上把我"绑架"了。这是我所不愿意的。我现在为什么不想公开对社会发言，不到外地讲学，不接受采访？就是因为我知道，关心和理解我所思所想的人，在这个社会是少数。现在我躲开公共场所，只用文章和书表达自己，公众愿意看就看，不愿看的就不看。不再成为时髦，这样反而可能获得真正的知音。

郑雄：您的读者还是不少的。比如您谈到的对"精致的利己主义者"的看法，在网上传得很快，它说明，关注您所关注的问题的人，并不仅仅在很小的圈子里。

钱理群：继续对社会发言，当然是有价值的，但这个事情别人也能做，而我要做的是别人不去做的。

我所向往的是创造对当代中国有解释力和批判力的理论

郑雄：您曾经说过，您关注"政治"与"学术"，寻求"战士"与"学者"的契合。从这个角度来回顾，您对自己满意吗？

钱理群：我本性上更偏向于做个学者。比如我喜欢读书，喜欢和朋友在客厅聊天——就像现在和你聊天一样。我年轻时受费孝通的影响，追求"一杯茶、一堆书、一间房"的生活。而后来，希望做"战士"，是在"文革"中慢慢形成的（当然也受鲁迅影响）。我参与了"文革"的全过程，属于"造反派"，但我是"造反派"中一直受压制的那部分人，没掌握过权力。这是实际的政治活动，算是街头政治。我最初对战士的理解也是这样。但同时我也是很犹豫的，这种活动和我的个性不合。参与政治，得和三教九流打交道，得有手段，而我书生气很浓，有着知识分子的精神洁癖，就觉得不适应。"文革"结束，面临着人生的重新选择，在学者和战士之间，我曾经徘徊过，最终还是希望回到学者的道路上来。自然，我也是有矛盾的：当年的朋友发生了很大的变化，我成了北大的教授，过着相对平静的书斋生活，而有的朋友，因为直接介入，过着很艰难的生活。我对此是时时感到内疚的。

20世纪80年代我刚从北大毕业留校时，有意识地和社会保持一定距离，专心做学问，努力获得学术界所谓的发言权。当我被学术界承认了以后，我就觉得很痛苦。我身上有两种"气"，一种是"书生气"，一种是"野气"。我看出了学院派的问题——他们脱离现实，脱离社会——就不安心于做学院派。后来，我在鲁迅的著作中找到了答案：做"精神界的战士"。精神界的战士不参加实际政治活动，不到街头去，只是关心思想。参加社会实践，也是以精神界的战士的身份去参加。我关注北大，关注中小学教育，关注青年志愿者，等等，都是这样。对我来说，一方面，通过这些活动保持和社会和底层的联系，就是所谓的"接地气"——当然这个词现在已经被用坏了，我现在很反感"接地气"这个词，现在它往往成了一种表演。

另一方面，我是在以学术为根底，做普及学术的工作。我的发言不是空洞的、表态式的。

我觉得这也是五四传统。五四一代人就是这样做的。但结果是，一段时间里，我处在了旋涡中间，现在我想跳出来。

郑雄：这两三年您不断地说要"告别"。这种"告别"和您所说的"跳出来"是不是一回事？

钱理群：我说告别，是因为我觉得我的这种启蒙者的角色不能再继续下去了。时代变化太大了，青年人的变化也太大了，很多问题我都不懂了。不懂，就很尴尬。青年做一些事情，你支持他们吗？他们不需要。劝告他们？他们根本不听你的。所以我只有告别。当我意识到这一点，就觉得，你不要再想着当什么导师了。这很可笑。你的存在可能还会压制后来者。后来的人总是需要前边的人让位置的。最明智的做法是退下来，完善自己。

当然，我的告别不是完全回到象牙塔里。我还是关注现实，不同的是，我是通过历史对现实发言，还要做一个"史官"，把看到的一切记录下来。也就是说，我把现实中发生的事，放到更深的层次，放到历史上看，看它是怎么发生的。比如说对"文革"的研究，对知青史的研究。也就是说，我研究的是历史，但它有现实意义，是和现实有联系、相对应的历史。我希望在这样研究的基础上，下一步能作出理论的概括。我曾经多次说过，我最高的理想是创造对中国的历史和现实有解释力的、批判性的理论。它和做精神界的战士，有着内在的一致。或者说精神界的战士有两类，一类是对现实作出批判性发言，影响社会，为解决社会问题直接发挥作用，这当然是当下中国所需要的。另一类是依然保持和现实生活的联系——这是思考之根，是问题的出发点与归结点，但又要和现实拉开距离，静下心来，在更开阔的视域里，做更深入、更根本的，超越性的批判性思考，进行学术与理论体系的创造，为社会提供新的价值理想和批判资源。在我看来，这才是知识分子的本分、本职，虽不能至，也要心向往之。这样的有理论创造自觉的思想者，是当下中国更缺失，也更需要的。坦白地说，我选择告别，就是想沉潜下来，在这方面做最后的努力。即使最后因自身的局限，做不出理想的成果，也因为尽了力，而算对得起自己和这个时代了。

郑雄：您现在的写作状态怎么样？

钱理群：我现在的写作跟以前不一样，不再考虑发表与出版的问题，能发表、出版自然好，发表、出版不了也无所谓。我把它定义为"为自己和未来写作"。现在出，会有人读，但是是少数人。我预设的对象是未来的读者。到了未来某个时候，一定会有人来关注我们现在，关注 2015 年、2016 年，中国知识分子在干什么。我要留下这些记录。对这个时代的观点、看法、思想、思考不留下来，后来的人看不到，他们就会觉得我们现在的知识分子太没出息、太窝囊了。让后来人知道，我们这个时代，还有少数人在思考，在怎么思考，对于他们了解这个时代是有好处的。

大师？不可能

郑雄： 最近十几年来，人们一直在谈关于大师的问题，人们也都在说"没有大师"。您觉得，会不会有一种可能：几十年后，人们回过头来看现在的学者时会发现，某一位就是大师？

钱理群： 我觉得不可能。中国知识分子的素质在整体上出了问题——我说的素质是指基本素质，包括人格、精神境界、知识素养。

郑雄： 为什么这么说？

钱理群： 我有一篇文章讲到，作家张曼菱有一天在燕园捧读朱光潜的书，正好遇到朱光潜，朱先生说，我的书你不用看，都是翻译外国人的，没有多少自己的东西。他的遗憾是，自己没有原创性。

在我看来，大师，一个基本的特点就是要有文化的、思想的原创性。我最近讲过，鲁迅是有原创性的。另外，孔子、庄子、曹雪芹是有原创性的。

我老师那一辈人，凭他们的基本素质，有可能有原创性贡献，有可能出现大师，但很可惜，没有实现。没出现大师，原因可能是1949年前，他们生活在战乱中，1949年后的思想改造运动又让他们没了可能。20世纪80年代以后，情况好了，他们又老了。当然，也有一些人有很好的创造，比如说汪曾祺，但汪曾祺作为作家还可以，学者就很难——学者需要创造一个新体系，没有独立的体系，就谈不上大师。

1949 年以后的知识分子，包括我自己在内，大部分人的知识结构都有很大问题。因为社会上在批判"封、资、修"，要和传统决裂，和人类几乎一切文明成果隔离，并且，知识结构和精神境界是连在一起的。我不是反思嘛，我们是"没有文化的学者，没有趣味的文人"。比如说我，琴棋书画都不懂，而且没兴趣，作为文人，这是有问题的。

　　在"文革"中成长，20 世纪 80 年代以后出来的大学生，我曾经对他们非常看好，但很快就失望了。为什么呢？就是因为"文革"对他们精神上有不好的影响。他们有霸权的思想，绝对的二元对立、唯我独尊的思想，总觉得真理在握，一遇到不同意见，马上口诛笔伐。现在，社会上左派右派的代表人物都是他们。

　　"文革"还造成了一种很坏的结果：一些人认为，有权就是一切，为了达到目的可以不择手段。这种人有一种霸气的流氓气。我有个讲话，题目是《我的北大之忧，中国大学之忧》，谈到看大学有没有希望，要看什么样的知识分子起主导作用。20 世纪 80 年代，大学里起主导作用的主要是启蒙知识分子；20 世纪 90 年代以后一个时期，主要是学院派知识分子。自然，不能理想化启蒙知识分子，学院派知识分子也有弱点，但他们有共同点，就是都有底线。由他们来主导大学，大学坏不到哪里去——当然也不会有大成就。而时下，大学里起主导作用的，是政治活动家型知识分子。王瑶先生很早给我说过，大学里有一些人，是社会活动家型知识分子，最初也做学问，也取得了学术成就，但取得了学术地位以后就不再做学术了，开始用他自己原来那点成就来换取各个方面的利益。现在，一些社会活动家型知识分子成了政治活动家型知识分子，他们到处开会、讲话，在各种场合表态，就像鲁迅说的：第一，同意和拥护；第二，解释；第三，宣传；第四，做戏。在学术圈子内部，他是霸主，讲"朋友圈""学生圈"，讲门派。因为他掌握学术权力，年轻人报课题、评奖，决定权都在他手里。现在的年轻人遇到的，和我们那一代完全不一样。我们年轻时，老师恨不得把我们早早都推出去，各方面都扶植，哪怕你可能超过他，他也不管，甚至还对你更看重。

郑雄：当下的年轻学者处境是很难的。

钱理群：20世纪末开始，我对自己这代人失望了，同时也对下一代学者失望了。

之前，我要求自己的学生，沉潜十年，不要急，等十年以后再发言，我看重你们的十年以后。我觉得，沉潜十年，他们能改变我们这一代人知识结构和精神状态的问题。现在，他们四十多岁，有的人也出来了，但我更失望。现在他们在某些方面已经超过老师了，但是，急着靠近权力，甚至投靠权力。你看现在，社会上一有事，最急着表态的是一批副教授，四十多岁的副教授。当然某种程度上你也可以理解他们：我各方面已经可以了，但得不到机会表现；我被压住，那就只好靠投靠权力来获得机会。我讲精致的利己主义者，就是讲的这一批人。

郑雄：作为知识分子的基本底线已经没有了。

钱理群：这些人往往是底层、平民出身，要在这个社会出人头地，但没有关系，没有资源，没有机会。比如，读了大学，读了研究生，要留校，那就只能靠迎合。从这一点来说，这些人也确实值得同情和理解。问题是，他们刚开始还有点犹豫，有点被迫，而达到目的以后就完全变了。

当然也不都是这样。华东师大的唐小兵对他自己这代人有个分析。他说，他周围有三种青年教师：一种是竭力想要挤进既得利益集团，就像上面讲到的——唐小兵完全是批评的，我还有点同情；一种是自我边缘化，也发个牢骚什么的，但靠自己写作、出去代课，生活也能过得下去；第三种人是我比较欣赏的，他们希望从学术里寻找生命的意义和价值，他们的学术是关心现实的，是有基本的家国情怀的，他们非常热心教书，常常和年轻人在一起。这有点像我，一方面从学术本身，另一方面从年轻人身上吸取力量，和年轻人相互影响。这第三类青年教师，有坚守，也继承了启蒙知识分子和学院派知识分子的责任。他的这种分析，我大部分是同意的。

郑雄：您说，您的理想是要创造对中国的历史和现实有解释力的、批判性的理论，您又说自己没有把它做到想要做的程度——我觉得您说的，可能是大师的高度——您遗憾吗？

钱理群：当然是一种遗憾，但也是没办法的事。我知道我做起来很困难。我的知识结构有重大缺陷，理论素养不高，想要将研究成果归纳概括，提升为理论很难，就看以后能做到什么程度。达到一定高度后，你知道前面有更高的高度，也有条件去做，但你受自身的限制又做不到，而这种限制又不是你自己的原因造成的，它是时代造成的，你当然能感受到巨大的遗憾。

郑雄：会不会是因为您对自己的要求太高了，才会认为自己不能成为这样的人？

钱理群：不可能，绝对不可能。我的学术毛病非常明显。我的知识完全来自中国现代以来的传统，另外就是根据自身的经验、体验，当然也是根据自身的努力而得来的。我缺少古代的、外国的知识储备。你可以看到，我的文章引文完全没有来自古代的、外国的。当然我对这个问题采取非常老实的态度，不熟悉，就不引，不需要为显得博学非要引。再比如我不懂书法，字写得很难看。我从不题字，觉得不必附庸风雅，写不好就不写嘛。

我觉得，我发挥得够好了，甚至是超水平的发挥了。按我本人的素质，本来还做不到这一点，只不过我够努力而已，但因为自己有局限，看着那高度，就是跳不上去。

郑雄：您做的为什么会比本人可能做到的还要好？

钱理群：我觉得最主要是因为我有两个精神基地。一个是北大，一个是贵州，代表着最高和最低、中心与边缘、精英和草根，在当下的学术界，这很少见。这本来是个偶然，但幸运的是，中国大乱的时候，我在贵州；中国发展了，我到了中心城市，和王瑶这样的先生产生直接的精神联系。没有贵州经验，我就没有和底层的联系，就不可能去关注志愿者；只在贵州，在底层，也能待下去，但会和现在完全不同。不少知识分子也在底层待过，但他们的问题在于，从底层回来后，把那一段完全看成不堪回首的记忆。我不这样，当然我也不会美化它，我倾向于"把苦难转化成精神资源"。

当然还有一个重要的精神资源，就是鲁迅。我一再讲，别人说鲁迅被讲得过分了，我不这样认为，我觉得鲁迅被讲得还不够。像我这样对古文和外文都不懂的人还能思考一些问题，完全是因为有鲁迅作为精神资源，因为鲁迅对古今中外都是通的。某种程度上，我通过鲁迅，把古今中外的传统都衔接起来了，这就弥补了我的知识的不足。

第三个原因，就是我和青年的联系。我和六代青年都有联系，甚至和"80后""90后"都有交往。我影响他们，也受他们影响。当然这也是继承了五四的精神传统。

郑雄： 几十年来，您一直都是天天在家读书、写作，有没有感觉生活太清苦了？

钱理群： 没有这种感觉。这就说到一种生活观、生命观。对我来说，学术只是一种生活方式，是生活的有机组成部分，是一种生命存在方式，是平凡的，不神秘、不神圣。就像我们这个小区，有人喜欢运动，有人喜欢打牌，我也一样，就是喜欢写作而已。学术是有自足性的。学术的意义和价值不需要到学术之外寻找——我们现在很多人想到学术之外寻找。真正的学者，学术本身就可以给他带来很多快乐，带来审美意义和价值。我觉得进入这种境界的不是我一个人。有人觉得做学术枯燥，而我觉得有无限的乐趣，因为每天都有新发现。这是一种快乐、兴奋、自如的状态，自由而平凡，我认为这是学术的真谛。

我现在每天的生活就是保养身体、看书、写作、和你这样的朋友聊天。到养老院住后，有了一点锻炼，每天会走路，天冷了就去健身房，锻炼四十分钟。我一再说，我的生活是我自己的选择，并不具有标杆意义。我今天早上还在想，自己的生活就跟普通的老农一样。你在农村待过就知道，普通老农，到了晚年，你要他好好活着，就得让他到地头转转。我也一样。老农到地头，我到书房，就在书房里转。

我内心有"非常灿烂"的一面

郑雄：读您的文章应该有二十多年了吧，我的阅读感受是，从文章里看，您的生活"不幸福"，而跟您见面，又发现情况并不是这样。

钱理群：我经常跟别人讲，要了解我，只看我的文字是不全面的。我的表达有两种方式，一种是文字，一种是摄影。我拍的照片，色彩很鲜艳。越是晚年拍的，色彩越鲜艳。它表达我内心非常灿烂的一面，这是别人所不容易看到的。我常常说，文字表达的是人与人的关系，摄影表达的是人和自然的关系，是人和自然瞬间的相遇。我摄影的方式很特别：用傻瓜相机，不讲究任何艺术技巧，瞬间有感觉了，就拍下来。我觉得，人一到大自然中，就进入了一种本真的状态。我很少拍人物，主要拍自然。而且我强调发现自然也不一定非得去旅游，非得去公园，生活中随时都可以发现。发现与享受大自然之美、生活之美，与享受思考、从事学术创造的乐趣，是相辅相成的。我希望在这两种享受里，走完我人生最后的路。

辑
四

对青年朋友说

我是一个"不满足于现状"的人

访谈人：徐鹏远 [1]

我现在不想也不可能在现实发挥更大作用

徐鹏远：从您宣布"告别"之后，很久没见到您了。您之前说告别教育界、告别学术界都可以理解，因为那是特定的社会领域，但是告别青年就不同了，实际上您也确实没有真的告别青年。

钱理群：现在有个传说是不对的，认为我又重新出山了，其实这次，包括上次在北大演讲，有很明确的功利目的，就是为出版社出书做宣传，因为他们现在出书非常困难，所以我配合他们做宣传。以后会越来越少，但也不敢说绝对没有，它是个别的偶然的事情，不意味着有一个变化。

告别青年我其实是从两个角度来说的。一个角度是，我之所以告别，最主要是为了集中精力写作。和青年接触需要花费很大精力，

---

① 徐鹏远，凤凰网文化中心原创主编。

现在我没有那么大的精力了，而且我觉得我现在做的工作，可能会比跟青年接触更有意义和价值。别人有可能做的事，我就不必做，现在关心青年的人也很多，我去当然会发挥我的作用，但是对我来说不是最重要的一个选择。我反而摆脱这个，集中精力来做在我看来更重要的一些事情。

另一方面，我确实对现在的青年不太了解，因为发展太快了，现在的青年除了我们的教育之外，还有一个网络时代的背景，我完全不熟悉。网络时代的青年确实跟我们不一样，我们很难理解他，也不能反对他，但也不能跟着他走，比较明智的做法是不再介入了，而且事实上已经影响不了了。

当然还有更根本的判断，我现在做的事情有一个前提，包括我自己在内的我们这一代人已经退出历史舞台了，我们的存在搞不好成为更年轻一代前进的障碍了，这时候你就需要退出。实际上我现在做的就是自动退出历史舞台，完成和完善自己，不想也不可能在现实发挥更大作用。这是一个很清醒的估计，我要从其他人，包括老一代人那里吸取教训。一种人是至死不退，拼命不断地说，说的都是老话，青年人其实心里反感透了，还有一种人过于与时俱进，讨好青年，跟着青年讲，自己其实不懂。我觉得这两种都不好，我吸取这两方面教训，一代人有一代人的作用，作用发挥完了就应该退出来，这是很正常的，退出之后不是没事可做，完善你自己。

徐鹏远：所以从这个角度上来讲，您现在的写作都是为自己而写？

钱理群：对。最新这本《鲁迅与当代中国》有一点不同，也是这次我要出来讲的原因：它是明确针对当代的，是用鲁迅的话题对历史、对现实、对未来发言的一个东西。它确实还想影响青年，也能影响青年——青年至少可以接受，所以这本书有点特殊性。我现在写的就跟这本书不一样了。从表面看起来，这本书和现实没有密切关系，是从更根本的问题来思考现实。现在这一切为什么会发生？为什么中国会产生这么多问题？我要通过对历史的研究来回答这些，所以这本书是跟现实有距离的，但是从根本上又不可能脱离现实。我这种人是不可能脱离现实的，但对现实有两种态度，一种是直接面对，直接发表意见，还有一种就是拉开距离，做更根本的思考，这不仅是为了现实，也是为了未来。

我的写作一个是为自己写作，另一个就是为未来写作。我深信未来会关心我们这个时代，就像我们今天关心五四、关心鲁迅一样。我希望留下一点不同的声音，否则只是主流媒体、官方学术那一套，那我们太丢脸了，对不起子孙后代。

这样一种写作，对我个人来说，不以能不能发表为目的，也不以能不能直接产生影响为目的，更不以别人能不能关注、能不能接受、能不能欢迎为目的，它是一种自由写作，我想怎么写，就怎么写。我这种写作超越了学科，如果从严格的历史学或文学角度看，我这样是不对的，但我是有意的，我就这样写，我表达自己认为最重要的东西。

鲁迅的意义是破解大一统

徐鹏远：这本《鲁迅与当代中国》，基本上收录了 2002 年退休之后您写的一些东西。您在后记也说，自己关于鲁迅的研究著作已经有十本。一路走来，您的鲁迅研究究竟有怎样的轨迹和变迁？这本新作有哪些地方是之前的研究没有涉及的全新的观点？

钱理群：这本书有三个部分，其实就体现了跟以前不一样的东西。一个是它要阐释鲁迅的当代意义，以前是更严格的学术写作、历史性写作；第二个是谈鲁迅的当代接受，特别是青少年的接受；第三个是回答一些学术界争论的问题，比如鲁迅和毛泽东的关系、鲁迅和胡适的关系、鲁迅和五四启蒙主义的关系。这三个都是新的东西，都是原来著作里没有的，但某种意义上，这可能是更有生命力的东西。

徐鹏远：今天谈论鲁迅，一方面确实会有启发性，另一方面也会产生疑问。毕竟我们所处的时代和鲁迅不一样了，很多具体问题都在发生着甚至是我们身处其中都难以预料的一些急速的变化，那么这个时候鲁迅对于当代是不是真的具有指导意义？另外也好像有一点失落或者悲观，这么多年了，我们还靠鲁迅来指导我们，是不是意味着在鲁迅之后，我们真的再也没有产生过这样的知识分子？

钱理群：鲁迅的思维方式，我觉得对我们是最有意义的。他的写作既针对现实问题，也有超越性的思考，我们今天关注的是他超越性的思考，不是当时的一些具体问题（这一部分实际上对我们不重要了）。他背后的思维方式，包括表达方式，对我们有启示作用。鲁迅不是帮助你解决具体问题的人，他给你一种方法、一种思维、一种能力。

另外我经常讲，现在根本不允许异端存在，不允许另外一种思维存在，完全是大一统的，而且将来会越来越趋向大一统。我们现在要打破这个东西，这个时候鲁迅的意义就出来了，他是破解大一统非常有力量的东西，他逼着我们独立思考，做独立的选择。

最后是鲁迅的经验、智慧也有现实意义，但并不是重要的，比如我在很大程度上是针对现实青年问题作一点发挥，即"接着鲁迅往下讲"。

当然从另一个角度说，鲁迅确实独一无二，他是个天才。

徐鹏远：其实每个人都是独一无二的。

钱理群：鲁迅的独一无二对我们民族特别重要。在中国思想界，那个时代也只有他的思想具有原创性。胡适的思想就比较简单，他基本是走英美的道路，并没有太多创造性。鲁迅不一样。到今天还只有一个鲁迅，那是没办法的事。这确实是一个悲剧，一个民族文化的悲剧。鲁迅自己说过，最好我的文字与我的身体同时消亡，随着我速朽，还记住我，本身就是问题。

但我现在对这一说法有点怀疑和保留。鲁迅许多思想具有超越性，不会，也不应该速朽。我现在越来越重视鲁迅思想超越性的方面，它有长远的价值，至今仍有生命力。鲁迅对人性的看法，对国民性的看法太深刻了，超越了时代。实际上鲁迅思想与文学的核心就是人学。

中国的危险是忽略国民性问题

徐鹏远：鲁迅的重要价值之一就是对国民性的批判，虽然存在很多深刻洞见，但也一直遭遇一些质疑。第一个质疑就是，国民性概念来自日本，而日本对国民性的发明本身是带有对中国的种族歧视的；鲁迅当然是爱国的，但国民性概念在本质上难以避免这种劣根色彩。第二个质疑就是，鲁迅对国民性的批判，忽略了人性的概念，所谓民族劣根性其实是人性的共同弱点，并不尽是中国独有的。第三个质疑是，因为人性概念的缺失，所以只能将国民性之弊归结于文化和传统，进而为了改造国民性必然会走上否定传统、全盘西化的道路。第四个质疑是，古今中外对国民性的改造往往最终都是通过思想改造的方式呈现，从而容易在政治上演变为暴力革命和集权主义。对于这些质疑，您怎么看？

钱理群：我觉得这种质疑本身的提问方式就有问题。首先我们要想他这些分析有没有失效，至于国民性概念是从哪来的，这不是最重要的。它虽然从日本来，但鲁迅不被任何一个观念"收编"，他受的影响多着呢，比如说尼采，但他绝对不是尼采主义者，他对尼采是有批判的。即使国民性理念来自日本，日本人有自己的问题，但是鲁迅不是必然受影响的。鲁迅的国民性改造思想，今天还有没有意义，是不是都是强加给中国人的，这恐怕才是最重要的。比如说，鲁迅曾经讲到中国国民的两个问题，在我看来，到现在还是我们必须面对的最大的问题。鲁迅说中国社会一直处于"想做奴隶而不得的时代"和"做稳了奴隶的时代"的历史循环中，而中国人也就习惯于此，适应于此。许多人对现实虽有不满，但对既定秩序仍采取容忍的态度，因为既定秩序尽管不合理，但至少保证自己可以"做稳了奴隶"，一旦既定秩序被打破，说不定"想做奴隶而不得"。这样的国民心态，就构成了维持统治有效性的群众基础。

鲁迅还指出，中国人有怨愤，但不向强者反抗，而是向弱者发泄。这样的事情，在当今中国还少吗？怎么能不加正视，反而认为鲁迅批判了这样的国民性，就是否定了中国文化与传统呢？如果因此而将鲁迅和鲁迅的信奉者视为"汉奸"，那就真成了鲁迅说的"爱亡国者"了。

我们还可以深问一句：鲁迅是不是从根本上否定中国传统？在我看来，鲁迅不仅是中国传统文化的弱点和中国国民性的劣根性的尖锐批判者，同时也是中国文化优秀传统和国民精神优良传统最好的继承者、发扬者。试问，在现代中国，真正传承（而不是口头高喊）"富贵不能淫，贫贱不能移，威武不能屈""知其不可而为之"的儒家精神的知识分子，究竟有多少？鲁迅难道不是其中最杰出的代表吗？

还有，说鲁迅只谈国民性，不谈人性，这更是无知者之言。鲁迅早在20世纪初就提出了"人性之全"的概念，并以此作为基本价值观来衡量各种新观念。比如，他一方面把"科学"看作"人性之光"而充分肯定其价值，另一方面又警告说，如果因此形成科学崇拜（也就是我们今天所说的"唯科学主义"），那就会造成"人性之不全"。如此自觉地从人性的角度讨论科学，至今仍然少见。正是鲁迅最早将"立人"作为"立国"之本，作为中国建设"现代化"（当时叫"近代化"）国家的目标。关于人的思考一直是鲁迅思考的核心，国民性是他展开的更具有现实意义的话题，他根本的讨论还是人学问题。看不到这一点而横加批评，至少是不负责任的。

把鲁迅改造国民性思想与思想改造联系起来，加以否定与批判，更属于"想当然"。只需要指出一个事实：鲁迅最早和许寿裳讨论时，就指出，中国国民性的最大问题就是缺少"诚"和"爱"。这一点，每一个鲁迅改造国民性思想的研究者都知道，这和批判者所说的鼓吹"暴力改造"可以说是南辕北辙。

这就提出了一个问题：鲁迅不是不可置疑、批判，鲁迅自己就不断在质疑自己，但质疑必须建立在对鲁迅著作认真阅读，对其思想真有了解的基础上，如果连其原意都没有搞清楚，就按照自己的价值观和主观意愿，随意批判，上纲上线，这至少是不严肃的。

徐鹏远：进一步看这些质疑，其实也不全部都是针对鲁迅本身，也包含鲁迅之后的人会把这些东西……

钱理群：我觉得现在中国的危险不是对国民性批判太厉害，而恰好是对国民性问题的忽略。中国当下的问题，在我看来，主要有二，一是体制的问题，一是国民性的问题。体制问题是根本的，即有什么样的体制，就有什么样的国民，民主体制产生具有健全的权利意识和义务意识的现代公民，而专制体制就必然产生顺民与暴民。

但国民性又会反过来成为产生与固化体制的土壤，这就是鲁迅说的，有什么样的国民，就会有什么样的政府。现行的体制，固然有很多严重问题，但你必须承认，这个体制是有群众基础的，是得到为数不少的国民支持的，因而其统治相当有效。我既不赞成中国"崛起论"，也不赞成中国"崩溃论"。我现在所做的工作，就是要通过历史的研究来追问产生今天所发生的一切的历史的，社会、经济、政治与文化的原因。这样的研究，必须是客观的，充分面对历史与现实的复杂性（从另一个角度看，就是一种丰富性），这就必须跳出"非此即彼，非黑即白，不是对就是错，不是肯定就是否定"的简单的二元对立的思维模式，既不能回避中国革命和建设中的问题和严重后果，也不能陷入简单否定中国革命和建设的合理性的陷阱。我的目标是创造一个对中国历史和现实有解释力和批判力的理论，当然解释和批判不是辩解，解释和批判是为了更加自觉与理性地面对当下的中国问题。我认为这是知识分子最根本的责任。

再回到国民性的改造问题上来。这些年我为什么这么重视教育，特别是中小学教育，为此付出了极大心血和代价？就因为我看准了，能根本解决国民性的引导与培育问题的，非教育莫属。教育的根本任务就是用人类文明和民族文化最优秀的成果来滋养年轻一代，培育他们健全的人性和国民性。今天中国教育的根本问题，就是离开了这一教育的宗旨。应试教育的本质与危险，就在于它所培育的是我所说的精致的利己主义者，培育的是当下这个权力至上、金钱至上的时代最坏的新国民性。我为中国教育问题忧心如焚，说到底是对中国人的人性与国民性的担忧。这些问题是很不利于对中国社会体制的根本改造和中国未来的发展的。

鲁迅和卡夫卡之间有很多相似之处

徐鹏远：每个民族的思想家、文学家，其实都是以本国、本民族的一些东西作为写作和思考的基础，但是他们能在此之上形成一种普世的价值意义。您觉得鲁迅达到这样一种世界高度了吗？从国外的学界来看，日本学界当然是对鲁迅研究很多，甚至有一些比国内做得还要好，但是除了日本这个近邻——而且鲁迅又跟日本有着密切关系，好像鲁迅并没有被更大范围地关注和研究。

钱理群：所以我提了一个"东亚鲁迅"的概念。鲁迅不仅在日本，在韩国也是影响非常大的。我在台湾讲课的时候，遇到马来西亚的学生，他们都非常尊敬鲁迅。其中一个重要原因是，鲁迅所面对的中国问题也是东亚国家、整个东方世界所面临的共同问题。因此，每一个东方国家都有自己的"鲁迅"，但他们都没有达到鲁迅那样的高度和深度。这些国家的知识分子都非常羡慕中国有个鲁迅，在他们心目中，鲁迅也是他们的，是一个代表和象征。这大概就是我提出"东亚鲁迅"的依据和意义。

徐鹏远：鲁迅有没有可能跳出东亚？

钱理群：这将是一个发展过程。现在，我们讲"全球化"所指的"世界"还主要是西方世界，随着东方经验逐渐被世界所认可，鲁迅的价值自然会提升，影响也会扩大。实际上西方汉学界是承认鲁迅的，并给予他很高的评价。

从小说角度来说，我认为20世纪最伟大的小说家是鲁迅和卡夫卡。鲁迅和卡夫卡之间有很多相似之处，将来这恐怕是一个很有价值的话题。

徐鹏远：能简单谈一下相似性在哪里吗？

钱理群：我对卡夫卡没有全面研究，但我在书里提到，卡夫卡的《致父亲》和鲁迅的《父亲的病》有非常惊人的相似。卡夫卡说他自己是在父权压迫下成长的一个有冷气而有想象力的孩子，这其实也是鲁迅的特点。他们两位作品里的奇峻之气，不受任何拘束的想象力与创造力，在20世纪世界小说里都是独步的。卡夫卡实际上也有东方气质，他不是一个纯粹的西方作家。

徐鹏远：您的鲁迅研究更看重思想性，也谈论文学，不知道您对于鲁迅的一些周边研究怎么看？比如对周氏兄弟关系的考证、鲁迅的情爱、鲁迅的收藏等兴趣爱好等。实际上这些有助于还原一个作为人的鲁迅，不过感觉您对这种研究好像不是特别赞赏。

钱理群：我清楚自己的鲁迅研究的局限，也期待新的鲁迅研究者有新的突破。比如我或我们这一代研究者都是用主流意识形态话语来阐释鲁迅，进入鲁迅世界的，如启蒙主义话语——科学民主，以及左翼话语——平等自由等。应该说，采用这样的话语是有解释力的，因为无论在五四还是在左翼运动中，鲁迅确实都发挥了很大作用，启蒙话语、左翼话语确实构成了鲁迅话语世界的主体，但在研究过程中，我也发现了鲁迅对这些主流话语与命题既有肯定，也有质疑。因此，我就逐渐将研究重心放在揭示鲁迅话语的双重性、复杂性上，这也是有效的。不管怎样，我还是在启蒙话语与左翼话语范围内来阐释鲁迅。我心里很清楚，这样的研究在有一定价值的同时，也可能遮蔽了鲁迅话语中也许更为内在的一些方面，但由于我受自身知识结构的限制，已经无力进行新的开掘了。我一直期待新的鲁迅研究者在我和我们这一代止步的地方，进行新的开拓。我也注意到你所说的这些年一些研究者对周氏兄弟关系的考证，对鲁迅情爱、收藏的研究，我当然不否定这些方面的研究自有其价值，但坦白地说，这不是我所期待的，研究格局太小不说，更缺乏在整体上突破的自觉。最近我读到一位北大研究生的论文，是从鲁迅和周作人的博物学兴趣、知识、眼光与研究进入周氏兄弟的世界并比较了他们的异同。我的眼睛为之一亮：这抓住了鲁迅话语相当内在与核心的一个重要方面，其中就包括作为文人的鲁迅的特点。以鲁迅的博物学兴趣与话语为切入点，不仅显示了鲁迅和传统的深刻联系，也找到了中国传统和西方文化与学术的最新发展的契合点。要真正了解鲁迅和传统文化、西方文化的关系，这可能是一个重要切入点。我看好这样的研究，而且期待着年轻一代的鲁迅研究者能够找到自己的突破鲁迅研究既有格局的新的视角、方向和领域。

我的内在气质都是革命带来的

徐鹏远：您承认过自己的精神导师是鲁迅和毛泽东，鲁迅自然是显而易见的，毛泽东对您的影响体现在哪里？

钱理群： 你看过我的《毛泽东时代与后毛泽东时代》这本书吗？

徐鹏远： 看过。

钱理群： 那本书就很能表现我跟毛泽东的关系。从我自己的思想发展来说，20 世纪 80 年代是力图摆脱毛泽东、摆脱左翼，因为我面临着他们对我的束缚；到了 90 年代，特别是出现了社会两极分化以后，就反过来重新看待他们的传统，所以我对鲁迅的左翼研究是到 90 年代才开始。

当然，今天来谈毛泽东对我的影响，是有一个前提的：我已经"走出了毛泽东"。因此，说鲁迅与毛泽东同为我的"精神导师"也是对我的一种说法的误读。我说的是，毛泽东在我青年时代曾经是我的精神导师，但现在已经不是。其实，我所走过的这条路——从盲目崇拜到自觉走出，在毛泽东时代成长起来的几代人中间，是有代表性的。

当然，或许我也有自己的特殊性，并因此不容易被许多人所理解。我承认，自己对毛泽东，特别是他所领导的中国革命和建设的时代仍有些"藕断丝连"。更准确地说，我反省毛泽东和他的时代，但不愿意将其妖魔化。我一再强调，历史是不能按照受害者的立场和观点来书写的，历史研究必须是客观的，要有更大的历史视野，有距离地观察与思考，以理性地面对、思考与揭示历史的复杂性与丰富性。

对我来说，还有内在的精神因素，即我无法完全摆脱毛泽东的影响，我还说过这样的话：这与其说是毛泽东对我的影响，不如说是毛泽东领导的中国革命影响。说的都是同样的意思。黄子平对于我的《毛泽东时代与后毛泽东时代》有一个非常准确的评价，他说钱理群其实跳不出毛泽东的思维方式和言说方式。比如我经常心怀大问题，喜欢做大思考、大判断，用"大词"，这显然是从小读毛泽东著作和以后读马克思主义著作的潜移默化的结果。

　　我还说过："我们的青少年时代是生活在一个封闭的，却又充满了信仰、理想、浪漫精神的，制造乌托邦的时代，成长在这样的时代文化氛围里的一代人，常常具有某种堂吉诃德气质——执迷于一种幻觉，一个绝对的，纯粹的真、善、美的理想境界，不惜为之付出一切代价。"任何接触和了解我的人都会强烈感受到我身上浓烈的理想主义、浪漫主义，以至英雄主义的精神气质，这种精神气质就是在这样的毛泽东时代的文化氛围里长期熏陶而成的。我的特点是，当许多同代人在严酷的现实面前，逐渐变成了各种类型的现实主义者，我还保留着某种程度上的浪漫精神。不管我对现实多么绝望，还是用真、善、美的理想境界支撑自己，这些精神、理想已经内化在我的生命深处了。尽管我对其中的负面，已经有了反省和反思，比如我的那本《丰富的痛苦——堂吉诃德与哈姆雷特的东移》对乌托邦主义、堂吉诃德就有尖锐的批判，对历史经验教训有理性的总结，但我在感情上还是摆脱不了那样一种理想主义、浪漫主义、英雄主义的精神境界的蛊惑。特别是当现实的中国，包括知识界，越来越功利化、实用化，理想主义、乌托邦主义、堂吉诃德精神被许多人弃之如敝屣时，我甚至为自己还暗中保留了这些不合时宜的精神而自慰。

或许更为重要的是，我至今还在坚守我的形成于毛泽东时代，又有了反思、调整的理想。我曾写道，每当年轻的朋友问我，你的理想、信仰是什么，我都回答说，还是年轻时候就追求的"消灭一切人压迫人、人奴役人的现象"的理想，也可以说是信仰。当然，在认识上也有变化，年轻时以为这理想在此岸世界就可以完全实现，以后经历了种种严酷的教训，才懂得它的彼岸性，压迫与奴役永远存在于此岸，而且是会不断产生的，要在现实中完全消灭压迫与奴役，不过是一个乌托邦幻想。认清理想、信仰的彼岸性，并不等于屈服于现实，恰恰可以使自己从彼岸理想出发，对现实中一切层出不穷的压迫和奴役人的现象，采取彻底批判的态度。这构成了我今天的价值立场，也可以说是我的社会主义观，即社会主义是一个最大限度地减少了压迫和奴役，相对公平和正义的理想社会。它的目标，既是可以实现，不断趋近的，又具有一定的乌托邦性，永远也不可能完全达到。

在谈到自己的人生之路时，我还特地说了这样一句话：在贵州亲历的"'文化大革命'中的摸爬打滚，练就了我的现实关怀、民间情怀、底层眼光"。我的人生之路，因此发生了一个根本的改变：我本来是上层社会大家族的子弟，又一直在大城市里接受最良好的教育，我的理想就是要当一名学院里著名的专家、教授，但现在到了中国最边远的地区，在底层社会和普通老百姓一起亲历"大饥荒"和"文革"，用今天的话来说，我因此而"接了地气"。这从根本上改变我的人生观、价值观和生活理想，再加上我所受的鲁迅左翼思想的影响，这就使我形成了这里所说的"现实关怀、民间情怀、底层眼光"，也同样刻骨铭心。因此尽管"文革"结束后，我回到北京，也真的实现了青少年时代当名大学里的名教授的梦想，但我最终发现，自己已经"回不去"了，我无法忘怀和抛弃早已扎根于心的现实、民间与底层。于是我又走出学院体制，成了今天的"我自己"：一个站在边缘思考时代中心问题的永远不满足现状的独立的批判知识分子。当当年的苦难已经转化为精神资源时，我也就可能更加客观地看待我在毛泽东时代的这段经历，在正视历史的负面的同时，也不回避历史的正面意义，而且这两者是交织为一体的。

徐鹏远：这里是不是也有鲁迅的影响？

钱理群：这就说到了一个更有意思的话题。鲁迅和毛泽东有相同的地方，他们都不满足现状。鲁迅也是要打破既定秩序的，他提出"真的知识阶级"，第一个特点就是"永远不满足于现状"。

徐鹏远：这一点对你有什么影响？

钱理群：我在学术界就是一个"不满足于现状"的人，我的许多研究都是犯忌的。比如我写《毛泽东时代与后毛泽东时代》这本书，选题本身，以及它的写法，就是很多朋友不赞成的。选题太大，超出了我的知识范围；在对毛泽东时代的历史书写里，写进我自己的故事，这都是犯忌的，最后就写成了一个不伦不类的东西。

徐鹏远：因为您不是搞历史的。

钱理群：是。我就是喜欢做一些别人没有做过的事，有一种不断开拓新领域的创造冲动，越觉得不能搞就越要搞，就是要搞"不伦不类"的学术。从另一面看，也是一种破坏冲动，我要挑战，挑战既定学术秩序。这也就是我在学术界一直是一个有争议的人物的原因。许多人都认为我不是一个"纯学者"，不够正统，多少有点"异类"。我当然知道这也许确实是个毛病，客观地说，在因此取得别人替代不了的某种价值的同时，也会产生某种缺憾。我不断强调自己的学术只具有"有缺憾的价值"，不具有"典范性"，就是这个道理。但我改不了，也不想改，就是因为这种学术上的反叛性和创造冲动，是我内在精神气质在学术上的表现，而这样的精神气质显然受到了鲁迅和毛泽东的影响。

跟土地有深刻联系的农民只剩老农民了

徐鹏远：在您的《二十六篇：和青年朋友谈心》中，您号召青年到农村去，看到和城市不同的世界，并认为未来农村是农村精英和知识青年两种人的结合。这些观点是否也有毛泽东的影子？

钱理群：当然有毛泽东的影子。毛泽东思想、路线的核心，是"农村包围城市"，中国革命和建设的最大特点也是以农村为根据地。毛泽东始终以农村为根据地，是基于他对中国国情的一个基本认识与把握：中国是一个以农村宗法社会为基础的大国，中国的变革，无论是革命，还是建设，都要从这一基本特点出发。这是自有一种深刻性的，在我看来，这是毛泽东思想中相当正面的东西，曾在毛泽东时代引导中国革命走向胜利。即使在毛泽东身后，邓小平要搞改革开放，也是从农村经济体制改革入手的，这是 20 世纪 80 年代初期和中期中国改革进行得比较健康与顺利的基本原因和经验。今天，我们要走出中国特色社会主义现代化之路，还是得从毛泽东早已指明的中国基本国情出发，紧紧抓住乡村建设这一根本。别的国家可以消灭农村，中国不可能，虽然很多农村人口要进入城市，但是中国农村还保留着上亿的人口。更重要的是，现代化建设，是不是非得走以破坏生态平衡为代价的西方工业化、城市化的道路？现在，已经提出了"生态文明"的概念，保持生态平衡，有一个重要问题，就是要重新认识与理性对待传统农业文明。从这样的高度来看新农村建设，就有许多理论与实践问题急需解决。在这样的背景下，强调年轻一代"到农村去"，就有一种新的意义。

徐鹏远：但是眼下的中国农村已经呈现出空心化和衰败感，不要说城市的精英和城市的知识青年，就是农村的精英和知识青年都不在农村，甚至农村的非精英、非知识青年都已经从乡村撤离了。那在什么时候、以什么方式才能实现您所说的两种人的结合？

钱理群：现在面临的不仅是空心化的问题，空心化可以解决，走出来的人可以回去，再重新建设。

徐鹏远：但现在都在说"留不下的城市、回不去的农村"。

钱理群：问题就是这个。现在的农民已经不是原来的农民了，他已经脱离土地了，"农二代""农三代"已经不是农民了，他跟土地没什么关系了，他现在陷入一个尴尬：两边都不靠。但是我始终鼓励一部分农村青年回去，因为乡村建设还是一片很大的天地。这当然是我的理想主义。最根本的问题是农民子女不这么选择，跟土地有深刻联系的农民只剩老农民了，但我还不愿意放弃这个理想。

我的准确思想是反抗绝望

徐鹏远：您说您是理想主义者，甚至我觉得您身上还有一些浪漫主义气质，您很多时候都是乐观的。连鲁迅都是悲观的，您的乐观是如何保持的？

钱理群：我一直强调，我的准确思想是反抗绝望。

徐鹏远：那您有过绝望的时候吗？

钱理群：当然，一直都是极端绝望的，不是一般的绝望。

徐鹏远：您对自己有过绝望的时候吗？比如说您曾经对自己的社会实践活动做出评价，认为这些活动对于自己的意义大于社会意义，实际作用很小，这算是一种失落感和无力感吗，是不是也是一个悲观的时刻？

钱理群：这就是属于反抗绝望，它的前提是经历绝望，包括所做的一切都没多大意义，但还是要反抗，这正是中国传统的知其不可为而为之。

徐鹏远：也就是说意义在于反抗本身，而不是反抗的结果？

钱理群：当然总会有一点正面结果，不是一点结果没有，但总体来说，特别是像我们这样的思想型左翼学者，在当代中国基本上没什么作用，基本没有发挥作用的余地。

还有，我受鲁迅影响，对自身的估计是很清醒的，虽然我现在社会地位很高，但我自己很清楚这都是虚的，我要做的就是最大限度地在这个范围内做有限的发挥。鲁迅曾经说他写的文章就像一根箭射到大海里，连浪花也激不起。我经常想鲁迅这句话，我现在做的事也是这样，效果就是一箭射入大海。

政治家也是理想主义知识分子

徐鹏远：我能理解您的这些行动，其实也是在实践您自己所说的知识分子对政治的一种间接参与。我想问的是，您觉得知识分子在多大程度上可以实现这种政治参与的追求？

钱理群：知识分子实际上有两种类型，我们是精神界战士，是精神领域里的，还有一种是政治家。

徐鹏远：您将政治家视为知识分子？

钱理群：当然，因为政治家有他的政治抱负、政治理论、政治理想、政治理念，本质上是有理想有追求的，政治家和政客的区别就是这个地方，某种程度上政治家也是理想主义者。我们现在的许多官僚不叫政治家，只是政客。在我看来奥巴马就是理想主义者，但特朗普不是。

真正解决问题是靠政治家的政治实践，不是靠我们这些空谈者。我们就是站在边缘，发出自己的声音，对社会起清醒剂的作用。我们的影响是不可能立竿见影的，它追求的是长远的，潜移默化的作用。

徐鹏远：您曾经写过《我的家庭回忆录》，让我们了解了很多您和亲人之间的故事。少年时因为恐惧，您亲手烧掉了父亲的照片，而后来您为了理想为了正义变得敢说敢做，这份勇气是从什么时候凝聚起来的？是不是和后来获得的社会地位与名望有很大关系？举个例子，据说您当年批评语文教育，被点名批评，差点被辞退，但因为您受师生喜爱，又年事已高，最终这件事才作罢。

钱理群：最后是学生起的作用。我被点名批判，北大学生掀起挽留钱先生的活动，后来学校领导就去反映，如果强制辞退钱理群的话，北大学生可能抗议。

我也不是从一开始就反抗，20世纪的年代我基本上跟社会保持距离，直到得到体制的承认，获得了一定社会地位，到1997年以后才开始对社会发言。我的特殊性在于，我首先进入体制，而不是一开始就在体制外，但进入体制后我又走了出来，这在中国大概很少见。我觉得我这条路是有道理的，你先要得到体制承认，发言才有力量。我经常对周围的年轻人说，许多事情让我来说，在足够强大之前，你们要学会保护自己。

　　徐鹏远：我们做一个假设，以您现在的身份、经历、意志，重新经历"文革"，您会如何自处？进一步探讨，若权力无限扩张，知识分子的本分、责任、使命从何谈起？也就是说知识分子的独立性等，是不是也是视权力的情况而定？

　　钱理群：我为什么这么拼命写作，原因就是这种机会随时可能会丢掉，一个是我自己身体垮了，还一个就是不允许写。

　　徐鹏远：那如果所有的知识分子都这样……

　　钱理群：只能这样，我感到悲观的就是这一点。但是事实上不可能。

　　徐鹏远：为什么不可能？

　　钱理群：事情发展到绝对就会走到反面，这是历史证明的事实。历史上短期内的绝对黑暗时期多的是，中世纪最黑暗的时候可不就是谁都不说话，"文革"时候大家也都不说话。知识分子能起多大作用是受时代制约的，但也不是绝对的，我不相信历史最后就是这样。

我们这一代人中有几个人敢总结经验

　　徐鹏远：在《岁月沧桑》里您写了自己的老师王瑶先生。您觉得您自己这一代知识分子和上一代知识分子有什么不同？

　　钱理群：有一个很大的不同，我也做过自我检讨——王瑶先生他们那一代开辟的现代文学传统是贯通古今中西的，而我因为不懂外文，对古文也不熟悉，没办法继承他的传统，这是一个先天的不足。这大概也是我自己内在的这一代的矛盾或者遗憾吧，我的研究到现有水平以后没有再上一层，就是受知识结构的局限。知识结构的局限又不是自己的责任造成的，而是时代造成的。

徐鹏远：嗯，因此也有人对您的研究和写作提出过一个评价——大多数是建立在自身生命和历史经验上。这也是您这一代知识分子的一个群体性特征，您自己怎么看待这种评价？毫无疑问的是，自身生命和历史经验都是有限的，您对此有过焦虑吗？

钱理群：我觉得这是两个问题。我确实有这种局限，所以我说我的学术研究只具有"有缺憾的价值"。我本来可以飞得更高，现在我上不去，就是知识结构的问题。另一方面我觉得我的同代人恰好对我们的历史经验没有好好利用，这些历史经验是非常宝贵的财富。一个很简单的道理，苏联、东欧变革之后兴起了新马克思主义，有理论的创造；我们这一代人的历史经验比苏联丰富得多，但至今没有创造理论。什么原因？问题恰好就出在我们特殊的历史经验和生命体验并没有得到充分发挥。

我要做的是牢牢把握住自己独特的经验、体验，既承认它的局限性，又把它发挥到极点，就获得了前后各代人都不可能有的独特价值。这是我们这一代独占的优势。可惜没有多少人自觉地利用这个优势。现在中国，我们这一代人中有几个人坐下来，认真总结自己亲历的历史的经验、教训？坦白地说，我因此感到寂寞和孤独，但我也因此更自觉地认识到自己应作的选择，就是要在承认局限的前提下最大限度地发挥这代人的这个优势，对我们的历史经验教训作认真、深入的总结，留给后代。发挥完了我就完成自己的历史使命了，所以我并不悲观。

我怎么看精致的利己主义者

徐鹏远：您的精致的利己主义者影响太广泛了。不过，一方面是精致的利己主义者正在被培养和产生，另一方面青年也面临着巨大的生存困境，其中其实包括许多精致的利己主义者，也有更多没那么精致的利己主义者。当社会给青年造成的困境已经到了利己主义都不太能够让他们逃离，更无谈从中获取私利，那么对利己主义的批评要如何回答这种困境？虽然每一代人都经历过各自的困境，但当下青年的困境确实也存在一些前所未有的东西。

钱理群：要把利己主义和个人主义两个概念区分开来。青年遇到的困境在于个人的利益、欲望——包括物质与精神两个方面——特别是个人的权利得不到保护和满足。这种对个人利益、权利的追求是完全合理的，不属于我批判的对象。我讲的利己主义，特别是精致的利己主义者，我批判的是他和权力的关系。他极力想成为权力当中一个成员，而且为了达到这个目的可以抛弃一切，我要批评的是这种现象。

徐鹏远：也就是说您所批判的利己主义者，他们对欲望的要求已经超出了正常范围。

钱理群：个人主义的要求是合理的，而利己主义有一个问题就是缺少信仰，个人利益成了唯一的东西。我对这一代个人主义者追求欲望和权利是很同情的，我们这一代人没有这个东西，他们吸取了我们的教训。其实跟我们当年搞启蒙主义也有关系，启蒙主义非常强调个人的利益和权利、强调个人主义精神。但问题是个人主义最后发展到极端了，没有信仰了，在处理个人性和社会性这里出了问题，只有个人利益追求，而没有社会承担。这样一种情况下，最容易走向精致的利己主义。说得彻底一点，就是对人性的偏离。

徐鹏远：您从事教育、思考教育、批评教育。如今我们也发现在社会的大背景下，人们对教育的某些看法发生了有趣的变化。就像您也说过的，中学教育被考试绑架，大学教育被就业绑架，这毫无疑问也是以往的一种普遍观点。与此同时，虽然这种教育模式有问题，但总体而言普遍还是认可其对于社会阶层的流动产生着积极作用，寒门子弟通过应试教育可以获得相对公平的竞争机会和前途的希望。这种教育状况可以说现在仍未有很大改变，但是新的观点却认为社会结构的趋于固化已经使教育变得无力了，穷孩子寒窗十年可能还追不上中产子弟的起跑线。您怎么看这个变化？

钱理群：有两个问题。一个问题是，即使这样，高考制度毕竟还提供一个受教育的机会，所以现在高考制度还只能这样。我一直坚持高考制度是不可以改的，因为它几乎是寒门子弟唯一一个机会。包括对衡水中学那样的学校里的学生，我也有一种理解的同情，很多人没有别的办法，只有靠这种苦读硬读才能上来，如果连这个都没有，就失去了上大学的机会，而上大学和不上大学对个人以后的发展还是有影响的。

另一个问题也是可以注意的一个现象，这点我也有理解的同情，就是我说的精致的利己主义者有相当一部分是贫寒出身的，他只有向权力靠拢这条路，否则没有任何出路。我现在注意到一些青年学者也有这个问题，因为青年学者的生存环境不如我们那一代人，我们那时像王瑶老师都是尽力想把你推出去，而现在，特别是五六十岁那一代人实际上是"学霸"了，掌握着学术权力，对自己的学生是压制的。在这种情况下，有些青年学者想突破学术权力的压制，所以向政治权力靠拢，这是他唯一的出路。问题是，开始是被迫的可以理解，搞久了以后变自愿了。也可以注意到贪污腐败分子很多都是寒门子弟，原因就是开始的时候想挤进权力，当时至少有一种理由说服自己，就是掌权之后可以为父老乡亲做一些事，很多人开始都是这么想的，也可能做过些好事，但是进入权力以后就出不来了。这本身是一个很有意思的现象，就是寒门子弟在中国的教育和政治结构中所处的地位与困境。

徐鹏远：您说过青年正在寻找自己的道路。这是一条什么样的道路？而且据您观察，青年找到了吗？

钱理群：我有一个演讲，就是讲现在我观察到的一部分青年的动向，专门指的是参加乡村建设的这批人。我觉得至少参加乡村建设的这批人可能会有一些新的意义和价值。因为现在乡村建设和过去有点不大一样，它是在全球化的背景下，寻找一条适合中国的工业化、现代化发展道路。我们过去有一个理念，认为从农业化到工业化是一个历史进化的过程，是一个淘汰另一个的过程，是一个否定另一个的过程。现在看来不是，不能简单地用工业文明代替农业文明，而是要有一个更大的视野。我前不久给一个参加乡村建设的青年的书写序。他们正在寻找一条新的出路，在强调生态文明的背景下重新发现农业文明的合理性，利用中国传统农业文明的长处来进行一种新的建设，我觉得他们这种尝试是有意义和价值的，而且在某种程度上是可以影响中国未来发展的。对这样一些青年，我是寄予希望的。

课外读物是介入教育的一种民间方式

徐鹏远：您曾经编过中小学语文读本，其实这些年来关于语文教育和教材的讨论时有出现。民国课本也被重新发掘，并作为对比样本获得许多赞美，您觉得这种认识是准确和正常的吗？

钱理群：这涉及另一个大问题，就是"民国热"。我觉得人们有点把民国过分理想化，从我的研究来说，把民国理想化了，鲁迅的价值就不存在了，因为鲁迅是批判民国的。所以我不赞成把民国过分理想化。

我自己对中小学语文教育的介入有一个特殊的经历，我开始介入是体制内的介入，当时国家成立了教材小组，他们请我当顾问，后来我又被他们赶出来了。所以后来我对教育的介入是一种民间教育方式，我不是编教材，而是编课外读物，想用课外读物来影响教材或者做教材的补充。我编了一套很有名的《新语文读本》，影响非常之大，甚至实际上影响到后来的教材编写。我觉得在机制越来越严的情况下，教材基本没戏唱了，根本不准你介入，将来可能有一点发展的，也只有课外读物了。包括王安忆、北岛他们编的都是课外读物。

徐鹏远：您看过他们编的读物吗？他们也表达过各自编选的思路，可能每个人的想法都不一样，那您当初编选的思路是怎样的？有没有一个需要共同遵循的原则？

钱理群：我觉得课外读物应该有更大的自由度，因为它是选择性的，它跟教材毕竟不一样，很难有一个统一的标准。我没有仔细看过他们编的，但我是支持他们的尝试的。

我的《新语文读本》有一套自己的理念。比如我很明确地提出总体上应该把人类文明和民族文明最美好的东西给我们的孩子，这是总的理念，所以我主张课外读物的编写应该既有外国的，也有古代的和现当代的，跟现在过分强调古文是不一样的。现在这个思路不对，它是意识形态的。我当时还提出，我们的教材应该是一个综合的东西，不是纯粹的文学读本，还要有很多自然科学方面的文章，甚至还应该有哲学，要有一种多学科的开阔视野。我还提出一些比较大的教育命题，比如要培养学生的思维能力、想象力。我们当时编的一个单元叫"土地单元"，展现的是人类各民族对土地的不同想象，我们还开了很多专题专门讨论思维问题，这是很多现代教材没有的。

我对亲情好像没有那么强烈的情感

徐鹏远：您 10 岁就与父亲分离，父亲的缺席对于您此生的影响是什么？

钱理群：实际上小的时候跟父亲接触也非常少。后来父亲对我影响更大的是政治上的，比如我为什么会被分到贵州去，显然跟家庭出身是有关系的；我在一开始就成为革命的对象，也跟这个家庭成分有关系。所以父亲对我来说可能不是感情上怎么样，而是政治上的影响。

徐鹏远：那心灵情感层面呢？

钱理群：当然对从小失去亲情，我感到惋惜与遗憾，但也不是特别强烈。

徐鹏远：为什么？

钱理群：我也不知道为什么，也许是因为失去太久，而多少有些麻木了。

徐鹏远：您选择养老院养老，一生也没有生养子女，是否和父亲缺席下的成长体验有关？

钱理群：没有关系。没有子女有一个原因就是我结婚非常晚，另外当时是"文革"后期，完全看不到希望，因为那时候家庭出身是要影响到第三代的，我当时感觉自己承受着家庭的重担，已经够了，不愿意再传到后代去了。

徐鹏远： 我觉得这种选择可能在某种程度上为您后来专注于学术提供了条件，因为少了一些家庭负担，但同时它可能也造成了家庭感情生活方面的一种遗憾。您自己有没有后悔过这种选择？

钱理群： 总体而言，像我这样的人，可能也是受中国革命的影响，事业心更大，那种儿女情长的东西比较少，包括现在我们兄弟姐妹之间来往都并不密切。

徐鹏远： 这个是您个人性格还是说一代人的特征？

钱理群： 这个我不知道。当然不是没有亲情，我对亲人的感情也很深，但是它很少外露。也许是因为我们这一代人的事业心太强了。

徐鹏远： 您有如此强烈的事业心，可您也说过，您不习惯成为议论的中心。不成为中心，您所呼吁、所批评的东西很难产生广泛的影响，这对于思考者来讲应该是一种苦闷。您觉得存在这种矛盾吗？

钱理群： 我觉得没有什么太大的矛盾。我进入社会有一个前提，就是自己的学术地位已经确定了，在这个前提下再来对社会发言，影响是自然形成的，不用刻意去追求。我强调不愿意成为中心，更多是在退休之后，特别是进养老院之后，原因很简单，我现在追求的是让我自己安静下来，好好写自己想写的东西，这时候就不需要别人注意了，而且注意对我没什么意义。

我一直处在高峰，但现在开始有点衰了

徐鹏远：如今您住进养老院已经整整两年了，现在的感觉还和之前一样好吗？生活上有没有什么新的变化？

钱理群：我自己没什么太大的改变，最大的好处是我可以有自由写作的时间，我来养老院之后已经成书的就有七八十万字，手头正在写的也有三四十万字，总数超过百万了。

徐鹏远：两年的时间超过百万字？您大部分时间都用来写作吗？

钱理群：对。

徐鹏远：养老院有这么多的老人活动……

钱理群：我一律不参加。

徐鹏远：也没有什么交往吗？

钱理群：我没有交往。他们当时的宣传对我也有利，说钱先生来了是写作的，所以一般人从来不来打扰我。

徐鹏远：那您也不会感到单调、寂寞吗？

钱理群：不。这种写作是创造性劳动，是自由写作，可以带来极大的快乐的，写作本身给我带来很大的满足感。某种程度上我现在处于最佳状态，处于写作生涯中最自由的一个阶段，我整天脑子里想的东西实际上都是写作。我到养老院做三件事：一个是锻炼身体，每天要锻炼一个小时，这是过去没有的；一个就是写作；另外还不断有朋友来看我，所以我并不寂寞。

至少我现在的状态是比较好的，但是不敢说是不是能持续下去，身体还是老了，必然……我现在拼命地写，写这么快，我觉得一个原因就是，随时可能因为身体问题……不仅我自己的身体，还有老伴的身体，因为我在生活上完全仰赖她，她一出了问题，我也做不了什么事了。

徐鹏远： 所以您现在这种紧迫感非常强烈？

钱理群： 非常强烈，大概就两三年。

徐鹏远： 那您有没有想过，是不是对自己的要求太高了？

钱理群： 不，因为这是一种自我满足。

徐鹏远： 也就是说您的这种满足感其实是无止境的？

钱理群： 不一定。我现在还处在高峰阶段，这个高峰阶段不可能持续，我现在已经开始有点衰了，不像原来那么……写作速度也开始减慢了，因为年龄是一个客观的限制。

徐鹏远： 这个高峰从什么时候开始的？

钱理群： 我很特别，一直处在高峰阶段。

徐鹏远： 那还会继续吗？

钱理群： 继续很短的时间，不会长了，我真正想写的东西也写得差不多了。

（感谢北大培文和编辑周彬、张丽娉对本次采访提供的帮助）

答"共识网"网友问

问：您对"90后"到"95后"这代群体有什么看法和建议？这代人普遍不关心政治和了解政治，您对此抱什么态度？

答：我是"30后"，和"40后"到"80后"这五代人有比较密切的联系，对"90后"就不太熟悉了。

我对不太熟悉的新一代，采取三种态度：一是不批评，不作"不满状"，更不作"指导态"。不懂，如何批评、指导？二是不"与时俱进"，不跟着他们走。我都老了，没有必要赶时髦。三是在一旁观察，如果他们需要我帮忙，就帮一手。对"这代人普遍不关心政治"，我也是三个看法：一是如果他们真的不关心政治，那是多方面原因造成的，社会也有很大责任，而且很难说不关心政治就是问题；二是他们今天不关心，不等于明天不关心，他们还会有很多的变化与发展；三是即使以后他们关心政治，甚至参与政治，也会有不同于我们的另一种方式。总之，绝对不能以我们自己作标准去看待和要求今天的青年。每一代人都会有自己的问题，而解决问题要靠他们自己。每一代人最终都会解决自己的问题，最后顺利"接班"，没有必要杞人忧天。如果一定要我说说对"90后"的"建议"，我还是对以前几代人都说过的那句话：趁自己年轻，精力充沛，要多读书，读古今中外的经典，也读闲书；要充满好奇心地去读，每一本书都会为你打开一个你所不知道的世界。

问：我是中学生，我们应该树立怎样的"考大学观"？

答：先要说的是我的"大学观"，即我认为大学是干什么的。我写有一篇《漫说大学之大》，你有兴趣，不妨一看。我在文章里提到自己在 1956 年上大学时一位师姐对我说的话：进大学就是为了追求三样东西——知识、友谊和爱情。其中最核心的自然是读书求知。在大学读书又有两个目的，一是掌握专业知识、方法，训练专业能力，使自己成为一个专业人才，为自己终身学习打好底子；二是通过博览群书，特别是读专业外的书，获得人文精神的熏陶，开拓更大更自由的精神空间，确立更高层面的目标，做一个健全发展的自由的"人"。

这就谈到了我的"考大学观"。前两句话可能是废话：大学是要考的，最好考上有悠久传统的、师资水平比较高的大学。在这方面，即使北大现在失了精神，但它的传统还在，老师还在，还是一个较好的选择。第三句是我要强调的：大学与中学的不同之处，在你不必一切依靠家长与老师，要有较强的独立自主性。即使考的学校并不理想（其实在好的学校也不一定碰上好老师），你还是可以利用大学提供的时间与空间，自己读书，自由思考，培养自己的自学能力，自我设计、掌握自己的命运。

总之，现在大学问题多多，不要抱不切实际的幻想，但也不是没有发展空间，最主要的是一切靠自己！你自己上大学后也会遇到现在想不到的许多新问题，如会突然失去目标，又有许多诱惑等，要靠自己去解决。

问："新伦理"在现实实践中效果如何？得到的响应多吗？你对未来持乐观态度吗？

答：我说的"新伦理"是对志愿者提出的，其前提就是人们说的"众多人对公共事务漠不关心，有社会责任感，愿意承担、奉献的人太少了"这样的现实，这是我们不必回避，必须正视的。在这个意义上，所有的热心服务社会的志愿者都是孤独的，其实古今中外一切有理想、有追求的人，都是寂寞的。这就需要寻找志同道合的人一起来做，而这样的人是可以找到的。这就是我经常说的"好人联合起来做好事"。就是说，我们普通老百姓无权无势，无力改变整个社会，我们能够做的，就是联合起来改变自己和周围的小环境，改变一个个具体的生命存在。要相信我们要做的"好事"是符合人的本性的：根本上说，人是一个精神的动物、社会的动物，追求精神的力量，为社会服务，做好事，这都是人自身发展的需要。因此，只要我们把这些好事做好了，取得实效，周围的人会看在眼里，也会跟着做，像滚雪球一样，越滚越大。我关心过许多志愿者组织，他们开始时都只有几个人，坚持若干年，就慢慢扩大到几十人，甚至上百人。据说全国的志愿者组织已经发展到几十万个，如果每一个组织有五十人参加，聚集起来，就有上百万人、上千万人。这样看，你又不是孤立的。坦白地说，我对当下中国许多官员、知识分子的表现，是相当失望和悲观的，但我看到这些在进行"静悄悄的存在变革"的志愿者，特别是青年志愿者，我就看到了希望。我相信鲁迅的话：观察中国，要看"地底下"，那里有真正的"中国的脊梁"。

问：对中国高端人才大量流失的现象，您有什么看法和建议？

答：我是从两个方面来看的。许多中国高端人才或非高端的普通人才在国外发展，本身并不是坏事。因为我们现在正处在一个全球化的时代。其实我们每个人都有两种身份，既是中国公民，又是世界公民，也可以叫"世界移民"。我们不仅要有爱国主义、民族主义意识，还要有全球意识，为人类服务的意识。我们可以超越国界，到全世界任何一个适合自己的地方去发展，去为人类文明作贡献，这本身就是历史的进步、中国的进步。

但如果是出于对中国现实、现状的不满而另作选择，以致形成国家高端人才的"流失"，那就是个问题，而且颇值得忧虑。我们经常讲"自信"，现在，这些高端人才却"用脚投票"，把信任票投给了外国，这是不能不让我们感到尴尬和不得不深思的。

如果进一步考察，可以发现，这些高端人才有相当部分是属于国家政治精英、知识精英与资本精英的后代，这些精英家庭都有较好的教育背景，自然容易出人才。精英高谈"自信"，下一代纷纷外流；普通老百姓不管有无自信，都得，也只能留守在中国这块土地上，这就是我们现在必须正视的中国现实。

还有一层，"高端人才"都是所谓"创新人才"，这就涉及当今中国一个更为根本性的问题。中国的经济发展到今天，已经到了离开创新就无以继续发展的阶段，而今天中国的教育和社会环境却越来越严格，独立思考、自由创造的空间也越来越小，这都极其不利于大批真正的创新人才的培养，而培养出来的高端创新人才又大量流失。这才是真正要影响中国未来长远发展的危机所在。

问：您怎样看待知识分子的信仰问题？

答：我想讲三个意思。第一，不仅是知识分子，而且是全民的信仰缺失，成为当今中国最大的精神危机。宗教信仰至少使人懂得爱和怕，做人做事就都有底线；现在许多中国人什么都不信，没有了爱和怕，什么伤天害理的事都能做出来。我所说的高智商的精致的利己主义者也是因为没有信仰，只有以"利己"作为唯一的、绝对的生活目标。现在许多中国人，特别是年轻人觉得活得很累，活得没意思，根子也在没有信仰支撑。因此，你把这个问题提出来，很值得认真讨论。第二，我对现在的许多信仰说教，总不大相信，我怀疑他们自己是不是真相信。第三，如果问我，应该有怎样的信仰，坦白说，我也说不上来。因为我还在探索中，绝不敢把自己并不成熟的思考到处乱说。不过我和大学生们讨论过，如何在大学学习期间，在确立自己的人生观、世界观方面打下一个基础。我对他们有两个建议，一是自由读书，到古今中外的经典著作（它们都是人类文明和我们民族文明的结晶）中吸取最广泛的精神资源；二是适当参加社会实践，比如加入志愿者队伍，到农村、基层去调查、服务，以认识脚下的土地、土地上的文化与父老乡亲，了解中国的国情。在我看来，"脚踏大地，仰望星空"可能是青年人建立自己的信仰的可行之路。

问：是什么原因造成中国知识分子在整体上出了问题？

答：所谓"整体上出了问题"，是许多知识分子都失去了自身的独立性，成了鲁迅说的"官的帮忙帮闲""商的帮忙帮闲"和"大众的帮忙帮闲"。

问：我们的社会戾气太重了。究竟是社会失败了，还是我们的人民不行？

答：说起"戾气"，我想起了鲁迅在 1925 年说的话："我觉得中国人所蕴蓄的怨愤已经够多了，自然是受强者的蹂躏所致的。但他们却不很向强者反抗，而反在弱者身上发泄。"可以说这是上百年不变的中国国民性。在观察和思考当今中国问题时，我总要想起鲁迅提出的"改造国民性"的任务。还是鲁迅在同一文章里说的："对于群众，在引起他们的公愤之余，还须设法注入深沉的勇气，当鼓舞他们的感情的时候，还须竭力启发明白的理性；而且还得偏重勇气和理性，从此继续地训练许多年。"在当今中国，需要新的启蒙运动，而且首先要启知识分子之蒙，启我们自己之蒙。因为这样的"戾气"（"怨愤"）遍布全社会，也包括本应该是最具理性的知识分子在内。现在，中国最缺少的，还是鲁迅说的"勇气"和"理性"。我们每个人都要补课，就从自己做起。

2016 年 7 月 30 日—8 月 2 日

对"哔哩哔哩"《钱理群讲鲁迅》课程反馈的回应

　　"哔哩哔哩"（以下简称"B站"）的编辑朋友告诉我，我在"B站"上的课程《钱理群讲鲁迅》，视频总播放量达六百八十万次，点赞数达十五万次，留言一万三千条。这些数字，都出乎我的意料，让我十分感动。编辑朋友还给我发来了许多青年朋友对课程的反馈与提问。因为时间关系，我不能一一回应，只能将所提出的问题概括为三个大问题，作简要回答。

　　很多朋友都谈到 2020—2022 年所感到的前所未有的焦虑、无力、困惑与痛苦。这引起了我的强烈共鸣。这三年以来，特别是刚刚过去的 2022 年，我和大家一样，都处于"不确定"的生存状态之中。尤其是年底，周围的人都"阳"了，我已步入 83 岁高龄，又有基础病，等于直接面对了死亡。我不断地做噩梦，追问"我这一生有什么意义""为什么活着""有什么经验、教训"。

现在，总算挺过来了。我的应对办法，还是在网上已经谈过的，"观察""等待""坚守"与"做事"。这里也不再多说了。

今天要向大家汇报的，是我在这样的困境中"如何做事"。作为一个研究者，我也只能到鲁迅那里去，而且我也确实对鲁迅有了新的认识。我注意到，早在 20 世纪 30 年代，日本学术界、读书界对鲁迅有两个重要评价：一个是要解"中国之谜"，就必须读《鲁迅全集》；另一个是鲁迅对"中国之谜"的解读，最大特点，是他所进行的是"人文学的研究"，不仅从文学角度，而且是历史学、政治学、社会学、心理学、哲学等多学科的研究。也就是说，鲁迅所开创的，是以解"中国之谜"为追求的"现代中国的人文学研究"。我读到这里，眼睛一亮——当代中国乃至世界，其实都面临一个问题：2022 年所发生的一切，为什么会在中国发生？这背后，有着怎样的"中国之谜"？而要解这"中国之谜"，就需要进行多学科的人文学研究。这样，我们今天再来读鲁迅，讲鲁迅，与我在 2021 年、2022 年和诸位讲鲁迅相比，就有了新的内容，而且有了新的阅读、研究方法。在我看来，鲁迅对"中国之谜"的探讨，有四个层面：对中国传统文化的反思，对中国传统制度的反思，对中国国民性的反思，以及对中国知识分子的反思。这些问题都很大，这里无法展开，但我总算找到了自己可做的事，即"接着鲁迅往下想，往下写"，探讨"中国之谜"。这也可以供有兴趣的朋友参考吧。

有青年朋友谈到，我曾经提出：作为一个健全的知识分子，首先要精通本民族的语言和文化，同时要精通一门或几门外语和相应的外国文化。这里说的，也是对接受现代教育，在读或已毕业的中学生、大学生、研究生的要求。这背后实际上有一个如何学习世界文化与本国传统文化的问题。这里，只能就后一个问题谈谈我的看法与建议。我曾经有一个在高中开设六大经典选修课程的设想：《论语》《庄子》选读——品读中国儒家、道家两大文化传统的开创之作。唐诗、宋词选读——唐代是中国社会发展的青春期，唐诗、宋词也最能引起年轻一代的共鸣。在我看来，唐诗、宋词的最大特点与价值，就是把人最基本的情感（亲情、友情、爱情、自然之情等）的丰富性与复杂性，表达得淋漓尽致。再就是《红楼梦》选读——《红楼梦》是中国传统文化方方面面的一个"百科全书式"的呈现与总结。最后是鲁迅作品选读——鲁迅开创了全新的现代中国文化。这样，从开局到高峰到总结，再到新的开创，就形成了一个完整的中国文化传统的发展脉络。熟读这六大经典，就为我们一辈子学习民族传统文化奠定了基础。还可以扩大到读屈原、读《史记》、读陶渊明、读苏东坡、读《三国演义》《水浒》《西游记》等。

朋友问到养老问题，我的养老学研究。这可以说正中下怀，是我最感兴趣的。在我看来，这是问到点子上了。我自己以及朋友们关注养老问题，这背后其实是有一个大问题的，即中国与世界的发展趋向。一个流行的说法，中国与世界都处在十字路口，面临"百年未有之大变局"。在我看来，就是三大全局性的变动：一是人类与自然，也包括病毒的关系的大变化，大调整；二是不同社会制度、发展道路、文明形态之间的大竞争，大调整；三是人类作为一个物种自身的大变动，大调整。最后一个大变动就与我们讨论的养老问题有关。朋友们提到退休年龄将延迟到 65 岁，这就意味着中国与人类将进入"长寿时代",其主要特点是生育率下降和人的寿命的延长这两大人种的变化。过去传统的看法,人一生经历三个阶段:学习—工作—养老。现在,随着新科技的发展,体力劳动可以用机器人代替,就凸显了人的智能的作用,老年人的智慧就有了新的发挥天地。于是,就有了老年人的再学习,精神、物质财富的再创造。养老人生就不再是消极地等死,而成为人的生命的崭新阶段。我因此在我的养老学里倡导"五大回归":回归自然,"入土为安";回归童年,返老还童;回归日常生活,尽享"吃文化""玩文化"之乐之美;回归家庭;回归"内心"。一句话:进入生命的"纯真状态"。在我看来,包括在座诸位,人处青年、中年时期,你的职业、身份、地位都决定了你必须戴着"面具"生存。比如说我退休前是"北京大学中文系现代文学专业著名教授",我该做什么,怎么说,都是有"规定"的。按照自己的本意言说和行动,就会被认为是"不务正业","胡思乱想,胡说八道"。现在,我进了养老院,什么都不是,就是一个普通的老头儿,就可以按照自己的意愿、兴趣、爱好生活。这时人就真正进入了本属于你的生命的纯真状态,成了可爱也可笑的老头、老太。现在,站在诸位面前的我,就是这样一个"可爱而可笑"的老头儿。

3 月 27 日整理

《有承担的学术：中国现代文学学人论集》新书分享会答问

本文是在"活字文化"2023年4月6日主办的"有承担的学术，有承担的学人——钱理群《有承担的学术：中国现代文学学人论集》新书分享会"上的答问。

答王志彬[①] 问

王志彬：自2017年推行"新课标"以来，"整本书阅读"是中学语文教学中出现的高频词。您在文章中也表达过中学生应进行《论语》《红楼梦》等整书阅读，当然鲁迅作品也在其中。对于《朝花夕拾》《呐喊》《彷徨》，我们都倡导学生以"整本书阅读"的

---

① 王志彬，北京四中语文教师。

方式，进入鲁迅的文学世界与精神世界，但在中学阶段，鲁迅的散文、杂文、小说，散落在各个不同的学段。您认为，中学语文教师应如何在有限的时间里，尽可能地把鲁迅作品的丰富性、完整性和广阔性传递给学生？

钱理群：你实际提出了一个中学阶段有关"中国传统文学经典教学"的问题。我有三点看法和建议。

第一，我曾经倡导在高中阶段开设六门中国文学经典选读课，即《论语》《庄子》——中国传统儒家、道家的开山之作；唐诗、宋词选读——中国传统文学的顶峰之作；《红楼梦》——中国传统文学、文化的"百科全书式"总结之作；鲁迅作品——中国传统文学进入"现代文学"时代的创新之作。经历了起点—高峰—总结—新创造的历史全过程的阅读，就打下了一个坚实的基础。这六大经典，有的要"整本书阅读"，如你提到的《论语》《红楼梦》，以及鲁迅的《呐喊》《彷徨》《朝花夕拾》，但有的就只能"选读"。就鲁迅作品的阅读而言，除了这三大经典之外，恐怕还要选读《野草》《故事新编》，特别是鲁迅杂文的一些经典篇目。

第二，对经典的阅读，如你所说，在用主要精力在课堂上进行"文本细读"的基础上，恐怕还要有一些综合性的讨论。我在"B站"上"讲鲁迅"就有两部分：细读《孔乙己》《铸剑》《推》《雪》之外，还专门讨论了鲁迅如何"看"，怎样"想"，如何"读"，怎样"说"和"做"。这样的讨论题目可以应时代需要，应学生要求，根据教师自己的阅读、研究心得而定，有较大的发挥余地，不求全面，更重创造性与启发性。

第三，我还想强调，中学读经典，也包括鲁迅作品，主要是"认识门牌号码"，知道这些经典的基本内容、特点与价值，就行了。经典，是要"读一辈子"的，而且经典的深处，缺少人生阅历的中学生是进不去的。鲁迅就明言，他的一些思想与文字，中学生就读不懂。年轻时读经典，只能似懂非懂。长大了，遇到问题，就会想起中学时认识的经典作家（如鲁迅）的作品，再去读，就逐渐懂了，而且有自己的理解与发挥了。

王志彬：每年岁末，我的学生有一个年度总结的传统作业。在2022年，较之以往，学生记录下来了更多个体的迷茫、苦闷与不确定性带来的惶惑。您的《有承担的学术》中记录了您自己与前辈以及同代学人在时代的不确定之中，如何坚守自我、保持思考，去寻找"确定性"的历程。刚好今春，作为对学生的一种回应，我的开学第一课，题目正是"在不确定性中寻找确定性"。想请教钱老师，我们当前的学生，这些年轻人，应该如何面对时代环境带来的困惑与彷徨？作为教师，该如何引导他们去寻找自我生命的"确定性"？

钱理群：你问到了当下中国与世界的一个关键性问题：经历了2022年，不仅是你谈到的中学生，事实上是所有的青年人、中年人，也包括我们这样的老年人，都因为面对"时代的不确定性"，而陷入了极度的迷茫、苦闷和惶惑之中。这当然不是巧合。2022年末，我所在的养老院的沙龙，也开了一次讨论会，题目和你的讲课一样，就是"如何在不确定中寻找确定性"。我在会上做了一个发言，不妨在这里简单说一说。

我首先讲到，世界的本质是不确定的。人类、社会、历史，以及相应的政治、经济、文化、科学、教育……都处于永恒的发展、不确定的变动之中。但动中也有静，不确定中也有确定因素。在历史进程中，也就有了动荡和相对稳定的时代。人类社会是在"不确定—相对确定—不确定"这样来回反复中一路走来的。

我接着又说，"我一生就经历过好几次关键性的选择"。我清楚地记得，1960 年，21 岁的我，大学毕业，因为家庭出身，自己在 1957 年反右派斗争中被打成"中右分子"的身份，虽不是"反革命"，却属于监控对象。我这个北京大学中文系新闻专业和中国人民大学新闻系的大学生，从北京被发配到贵州安顺山城的卫生学校教语文，一下子就处于自我命运与未来极端不确定的几乎绝境之中。我向学校领导提出，要报考研究生。党支部书记白了白眼睛，说："你这样的出身、身份的人，就老老实实待着吧。"我要求当班主任，也不够"资格"。这样，我的现实处境与未来前途的"不确定性"就到了极端，真正"无路可走"了。我急中生智，突然想到"狡兔两窟"：可不可以给自己的人生做两个安排？首先，找到一个合适的落脚点。我分析，自己毕竟还没有被开除，还有一个"教师"的位置，拥有一个多少有些发挥余地的"课堂"，那么，我就把当一名"最受学生欢迎的教师"作为自己的现实目标，从而获得生存空间与价值，在不确定的时代获得生存的前提与必备条件。同时，我还给自己定了一个暂时不具备条件去达到、需要长期等待的目标，为自己的后续发展作准备：我决定，要继续阅读与研究鲁迅，以便在未来历史发生变动之机，获得新的更大的发展空间。我当时心中就有一个"回到北大课堂讲鲁迅"的梦想，真的是"白日做梦"！我当机立断，搬到学生宿舍，与学生同吃同住同劳动，一起读书、办报、踢足球，在学生的理解、支持与爱戴中获得人生的意义与价值——直到今天也都是如此。在学生熟睡以后，我又回到办公室，阅读、研究鲁迅作品，即使在"文革"的动乱中也坚持，写了几十万字的读书笔记。我就这样坚持与等待了整整十八年。到了"文革"结束后的 1978 年，已经 39 岁的我，才等到了实现我当年"报考研究生"这一理想的最后一个机会。给我做考试准备的时间只有一个月，但实际上我已经准备了十八年。我在北大现代文学专业八百名考生中考了第一名，结束了在 1960 年—1978 年动荡年代中的"不确定"的人生。尽管以后还会遇到新的不确定性，但有了这十八年的经验，我就能够从容应对，始终把主动权掌握在自己手里，一路走到今天。

王志彬：您居家期间也笔耕不辍，写下许多思考，关于自我与学术，关于知识分子、天地与众生，等等。我觉得，除了讲授鲁迅等现代文学大家背后的文学史、思想史之外，您本身不停地保持阅读、思考、写作，把学术研究与自我生命进行纯粹的融合。这种行动很大程度上感染了我们，想请教您，我们如何才能保持精神的生长性？如何在安顿我们世俗生活的同时，保持心灵的余裕？

钱理群：这涉及人的人生观。鲁迅说，人一要生存，二要温饱，三要发展。这就决定了人生必须有两大追求和安排。你所说的"安顿世俗生活"，就是追求"生存"与"温饱"，但还要追求"发展"，关注自己精神的成长，也就是你所说的"保持精神的生长性"，二者缺一不可。你说到我"把学术研究与自我生命进行纯粹的融合"，从另一个角度看，这也是一种缺憾：我的人生有些过分"精神化"，人们（包括年轻人）与我交往是从不涉及世俗生活的。被迫居家对我的最大冲击，就是使我重新认识"日常生活的意义与价值"，我学会了"享受人生"，追求"吃文化""玩文化"之美与乐趣。同时，我也更加自觉地追求在动荡年代精神的永恒与安宁，并且努力把物质生活与精神生活两者有机统一、结合起来。我依然想"大问题"，忧国忧民，关心中国与世界、现实与未来的大事，有一个大关怀、大视野，又从日常生活里的一件件"小事情"做起，每天不但认真读书、思考、写作，也很注意日常世俗生活的安排、调整，舒舒服服地过日子。

王志彬：阅读您这本新著《有承担的学术》，让人看到一代代学者之间的学术传承，以及背后的精神传承。凡此种种，这些稀缺的精神质地在当下尤为让人感怀。书中，您谈到对民族、人类、时代、人民的承担，也是对自我生命的承担，对文学、艺术、学术的承担。这种"三位一体"的承担，是知识分子的至高境界，您能否就此展开来谈一谈，给予当下的年轻人以生命的启迪？谢谢您。

钱理群：我刚才说的"想大问题，做小事情"，其背后有一个信仰支撑着，就是你所注意的"三位一体"的承担："想大问题"，就是对人类、民族、时代、人民的承担；"做小事情"，就是对自己的工作及对象——文学创作、学术研究、教学的承担，以及对自我生命的承担。

答"我是黄鸭兄"^①问

"我是黄鸭兄"：钱老师，您的人生经历有很多曲折甚至传奇的地方。您21岁从北大毕业（按，应是"人大"：我1956年考入北大中文系新闻专业，1958年并入人大新闻系，1960年毕业——钱注），被分配到了贵州安顺的中专教语文，一教就是十八年。等到您回校园读研究生的时候，已经39岁。对于现在这些期待人生按部就班的年轻人而言，您的人生轨迹可能是很难想象的。可以和年轻朋友们分享一下从21岁到39岁之间这十八年的体验吗？

钱理群：刚才讲的"狡兔两窟"，就是我第一个贵州经验——在贵州第一阶段（1960年—1971年）这十一年的经验。

1971年"文革"后期，林彪外逃，粉碎了我们原先的理想、信念，我们开始了"后七年"的思考与追寻。那时候，我的周围已经团结了一批学生、青年，大都是中学生、中专生、知青、打工者，我是唯一的大学生。我们意识到中国和世界都将发生历史性的巨大变化，将面临"中国向何处去，世界向何处去，自己向何处去"的问题。于是，我们就成立了一个以我为中心的"民间思想村落"。我们这批边远地区的、没有多少文化的小青年，给自己提出了一个大的历史任务：要为即将到来的历史大变动做好思想、理论的准备。用你

---

① "我是黄鸭兄"，"B站"用户。

的话来说，这确实有些"传奇"色彩。我们非常认真地一起读马克思主义、列宁主义原著，读西方启蒙主义著作，写了大量的读书笔记、理论文章，并且认真探讨如何把这些理论思考化为社会实践，做了种种设计和准备。在思想严控的大动荡的年代，边缘地区反而有一定的自由空间，这或许也是一个"奇迹"吧。正因为有了充分的思想与理论准备，"文革"结束后，我们这批安顺地区的"小人物"，大山里的小溪，立刻汇入了改革开放的历史大潮，而且是全方位的：从民间活动，到体制内中下层的农村体制改革、上层的政治体制改革，都活跃着我们"安顺人"。我自己则投身教育、学术、文化界的思想启蒙运动。在21世纪，我们又重新集结，回归"脚下的土地"，用《史记》的体例，编写《安顺城记》，推动地方文化研究。这样，我们就做到了"自我生命与时代大变革的结合""高度的理论自觉与实践自觉的结合"。一辈子坚守"仰望星空，脚踏大地"的基本立场，这大概就是我们"安顺人"的历史经验吧。

"我是黄鸭兄"：最近互联网有一个词很火，叫"孔乙己文学"，意思是说现在有很多年轻人因为就业问题很迷茫，感觉自己受到的教育让自己无法安于一份体力劳动的工作，自己好像变成了鲁迅笔下的孔乙己。作为研究鲁迅的专家，你怎么看待年轻人这样的迷茫感受？

钱理群：你的提问，让我想起了前几年网上也盛传一个关于"赵家人"的讨论。现在，又有了"孔乙己文学"。这都说明，鲁迅始终存在于"当代中国"。这本身就耐人寻味，也印证了我们前面讨论的，小时候在课堂上读鲁迅，长大了，就会经常想到、讨论鲁迅。

我在"B站"讲鲁迅时，就对《孔乙己》做了文本细读。着重分析了孔乙己怎么看自己，周围的人又怎么看他，这两者之间有着巨大的反差。孔乙己十分看重他的长衫，长衫代表着他知识分子的身份，而周围的"看客"都把他当作谈笑的对象，认为他可有可无，根本不承认他的独立价值与意义。这样的知识分子的自我评价、期待与实际地位的巨大反差，引起了我的反思。今天的年轻人或许也是从孔乙己的尴尬地位中看到了自己。

"我是黄鸭兄"：我经常会听到现在的年轻一代说觉得自己生活在一个充满矛盾和变化的时代。一方面是世界整体的局势在发生深刻的变化，另一方面新兴的科技好像大有把我们取代之势，好像一切既定的答案都快速消失。钱老您也经常在作品中谈到自己内心的矛盾、挣扎。想请问，当这些矛盾进入我们内心的时候，它会怎样塑造或改变一个人呢？

钱理群：你谈到我们正生活在一个充满变化和矛盾的时代，"一切既定的答案都在快速消失"，这是一个深刻的观察。现在的中国与世界最让人困惑之处，就是"一切既定的答案"已经失去了吸引力，原先相信的，现在不相信了；原先寄以希望的，现在不寄希望了。我又想起了"文革"后期传诵一时的北岛的诗句："我——不——相——信！"这样，我们就面临着一个"价值重建""理想重建"和"生活重建"的根本性问题。这个问题，在年轻一代或许更加尖锐和迫切。

　　我又想起了鲁迅当年对年轻人说的话：现在要"重新寻路"。问题是，怎么寻路？他有三点建议：一是不妨听听年长者的意见，从他们的经验教训中受到启发。二，也是更重要的，要自己去寻找"似乎可走的路"走。一时找不到，就歇一歇，休息好了再继续找。三是要"联合起来"，共同走出属于这一代的新路。

　　我对年轻人也有两个建议。一是要推动"静悄悄的存在变革"。坚持三条：从"改变自己的存在"开始；从"自己的周围"做起；以改变"现在"为中心，不徒寄希望于过去和未来。就是要在现行体制内创造"第二课堂""第二人生"，而且要"静悄悄"地做，不要声张，不要摆出公开挑战的姿态。

　　二是"沉潜十年"。我经常对周围的年轻人说，当下的中国，"大有作为"很难很难；"小有作为"或"中有作为"，确有可能，但要做长期准备，要有"韧性"。就是既要"慢"，又要"慢而不息"。鲁迅说，人有三种活法：一是"只玩不打"，有追求的年轻人可能不取；二是"只打不玩"，精神可嘉，但很难长期坚持；第三种，也是鲁迅倡导的是"边打边玩"，打"壕堑战"，照样唱歌、跳舞、谈恋爱，时不时冒头开它一枪，开完了再继续玩。这样寄"战斗（奋斗）"于"日常生活"中，就可以坚持几年、十几年、几十年。还要有智慧，无论怎样的严控，总是有空隙，就看你会不会"钻空子"，寻找发展的空间。

　　近十年、二十年，我一直在青年志愿者活动和中小学教育改革运动中，创导我的"沉潜十年"；依靠"韧性与智慧"，推行"静悄悄的存在变革"的理念。我选择这两个领域做实验，是因为认定，不仅志愿者活动，教育本身就具有理想主义的色彩，我要倡导的正是在绝望年代里坚守理想主义。这里顺便向诸位报告一个好消息，最近有两个当年的志愿者和中小学教育改革群体的朋友分别来看望我，他们已经"沉潜"了十数年，还在继续坚守，而且很有成效，影响越来越大。我今天在这里重提"沉潜十年"和"静悄悄的存在变革"，其实就是想在当代年轻人中，倡导"新一代人"的具有新的时代特点的"新理想主义"。

"我是黄鸭兄"：在一百多年前，罗素在接受电视采访的时候，曾经被问到过这样一个问题：如果一百年后的人可以看到这一段视频，您想给他们留下什么样的建议？现在，我想问您同样的问题：您有想要留给一百年后的人的建议吗？

钱理群：我现在就是在为自己写作，为未来写作。因为我相信，就像今天我们对一百年前的民国发生的事特别有兴趣一样，五十年、一百年后也会有人关心今天（21 世纪 20 年代）的中国人在想什么、说什么、做什么。我把我的所思所做写下来，倒不是想对一百年后的人提什么建议，只是想让他们知道，在 21 世纪前二三十年的中国，还有这样的选择不同于主流的另一种"活法"的人。至于如何评价，是未来的事，我不想管，也管不了了。